Dennis Sawatzki (Hg.)
Dennis Thiel

Wissenschaftliches Schreiben

Das Praxisbuch zur Förderung von Schlüsselqualifikationen und Soft Skills

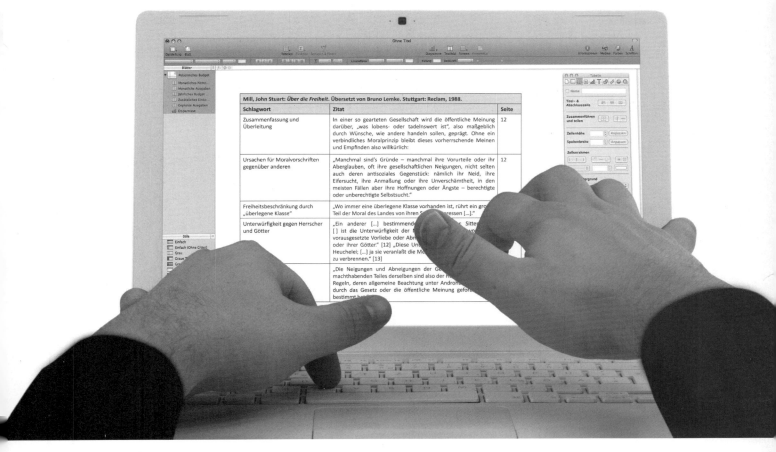

Auer Verlag

Gedruckt auf umweltbewusst gefertigtem, chlorfrei gebleichtem
und alterungsbeständigem Papier.

1. Auflage 2013
Nach den seit 2006 amtlich gültigen Regelungen der Rechtschreibung
© Auer Verlag
AAP Lehrerfachverlage GmbH, Donauwörth
Alle Rechte vorbehalten
Das Werk und seine Teile sind urheberrechtlich geschützt. Jede Nutzung in anderen als den gesetzlich zugelassenen
Fällen bedarf der vorherigen schriftlichen Einwilligung des Verlages.
Hinweis zu § 52 a UrhG: Weder das Werk noch seine Teile dürfen ohne eine solche Einwilligung eingescannt und in
ein Netzwerk eingestellt werden. Dies gilt auch für Intranets von Schulen und sonstigen Bildungseinrichtungen.
Illustrationen: Oliver Eger
Satz: Typographie & Computer, Krefeld
Druck und Bindung: Franz X. Stückle, Ettenheim
CD/DVD-Pressung: optimal media production GmbH, Röbel/Müritz
ISBN 978-3-403-**07090**-0

www.auer-verlag.de

Inhaltsverzeichnis

Vorwort 5
Einleitung 6

1. Einführung in den Wissenschaftsbegriff

A Theoretische Vorüberlegungen und Hintergrundwissen 10
1.1 Relevanz des Themas 10
1.2 Wissenschaft als notwendige Antwort auf erkenntnistheoretische Fragen 11
1.2.1 Sinnesorgane und Sinneswahrnehmung versus Wirklichkeit 13
1.2.2 Meinung versus Wissen 13
1.2.3 Glauben versus Wissen 15
1.2.4 Alltagsweisheiten versus Wissen 15
1.2.5 Medien versus Wissenschaft 17
1.2.6 Sprache versus Eindeutigkeit 21
1.3 Fazit 24

B Praktische Anregungen 26
1-01 Wissensbegriff 26
1-02 Gruppenarbeiten zum Training des kritischen Hinterfragens 26
1-03 Lehrvortrag: Erkenntnisgrenzen des Menschen 32
1-04 Wissensalphabet ‚Grundbegriffe der Wissenschaft' 32
1-05 Lernportfolio ‚Wissenschaftliches Arbeiten' 33
1-06 Leitfragen zum Thema/für das Portfolio . 33

2. Kriterien wissenschaftlichen Arbeitens

A Theoretische Vorüberlegungen und Hintergrundwissen 34
2.1 Relevanz des Themas 34
2.2 Allgemeine Gütekriterien wissenschaftlichen Arbeitens 34
2.3 Qualitätsmerkmale wissenschaftlicher Arbeiten 35

B Praktische Anregungen 38
2-01 Glossarbeitrag ‚Wissenschaftliches Arbeiten' 38
2-02 Unterschiede zwischen wissenschaftlichen und journalistischen Texten 39
2-03 Aufgabe für das Portfolio 40

3. Themenfindung und Themeneingrenzung

A Theoretische Vorüberlegungen und Hintergrundwissen 41
3.1 Relevanz des Themas 41
3.2 Von der Themenfindung zur Forschungshypothese 41

B Praktische Anregungen 43
3-01 Überblick als Vorbereitung zur Themenfindung 43
3-02 Übung zur Findung eines Themas 43
3-03 Kategorien zur Themeneingrenzung 44

4. Literaturrecherche

A Theoretische Vorüberlegungen und Hintergrundwissen 45
4.1 Relevanz des Themas 45
4.2 Die Notwendigkeit, einen Forschungsstand zu erheben 45
4.3 Arbeitsschritte bei der Literaturrecherche 46
4.4 Kriterien zur Bewertung einer wissenschaftlichen Literaturrecherche 46
4.5 Evaluation verschiedener Methoden zur Literaturrecherche 47
4.6 Konkrete Empfehlungen für Schüler und Studierende zur Literaturrecherche 50

B Praktische Anregungen 53
4-01 Unterrichtsstunde ‚Methoden zur Literaturrecherche' 53
4-02 Literaturtypen als Hilfsmittel zur Recherche 56
4-03 Aufgabe für das Portfolio 56

5. Strukturiertes Lesen und Erarbeiten wissenschaftlicher Texte

A Theoretische Vorüberlegungen und Hintergrundwissen 57
5.1 Relevanz des Themas 57
5.2 Schwierigkeiten bei der Lektüre: Ursachen und Lösungen 57
5.3 Arbeitsschritte beim strukturierten Lesen 59

B Praktische Anregungen 60
5-01 Reflexion zum Lektüreverhalten 60
5-02 Aufgabe für das Portfolio 60

Inhaltsverzeichnis

6. Exzerpieren

A Theoretische Vorüberlegungen und Hintergrundwissen ... 62
- 6.1 Relevanz des Themas ... 62
- 6.2 Arten des Exzerpierens ... 63
- 6.3 Darstellungsformen von Exzerpten ... 63

B Praktische Anregungen ... 64
- 6-01 Lehrvortrag ‚Exzerpte' ... 64
- 6-02 Exzerpieren üben ... 64

7. Zitate

A Theoretische Vorüberlegungen und Hintergrundwissen ... 65
- 7.1 Relevanz des Themas ... 65
- 7.2 Direkte Zitate ... 65
- 7.3 Indirekte Zitate ... 67
- 7.4 Quellenverweise zu Zitaten ... 67
- 7.4.1 Harvard-Zitation ... 67
- 7.4.2 Fußnoten-Zitation ... 68
- 7.4.3 Endnoten-Zitation ... 69
- 7.5 Literaturangaben im Literaturverzeichnis ... 69

B Praktische Anregungen ... 72
- 7-01 Trennung von eigenen und fremden Gedanken in wissenschaftlichen Texten ... 72
- 7-02 Markieren von Veränderungen in Zitaten ... 73
- 7-03 Quellenverweise zu Zitaten ... 74
- 7-04 Literaturangabe ... 74

8. Aufbau und formale Aspekte wissenschaftlicher Arbeiten

A Theoretische Vorüberlegungen und Hintergrundwissen ... 75
- 8.1 Relevanz des Themas ... 75
- 8.2 Aufbau wissenschaftlicher Arbeiten ... 75
- 8.3 Formatierung wissenschaftlicher Arbeiten ... 77

B Praktische Anregungen ... 78
- 8-01 Übung: Aufbau und formale Aspekte wissenschaftlicher Arbeiten ... 78

9. Wissenschaftlicher Schreibstil

A Theoretische Vorüberlegungen und Hintergrundwissen ... 79
- 9.1 Relevanz des Themas ... 79
- 9.2 Objektivität ... 79
- 9.3 Verifizierbarkeit/Falsifizierbarkeit von Aussagen ... 82
- 9.4 Transparenz ... 83
- 9.5 Kohärenz ... 85
- 9.6 Prägnanz ... 86
- 9.7 Mündlichkeit versus Schriftlichkeit ... 87
- 9.8 Sonstige Anmerkungen zum wissenschaftlichen Schreibstil ... 87

B Praktische Anregungen ... 89
- 9-01 Analyse von Negativbeispielen ... 89
- 9-02 Analyse des eigenen Schreibstils ... 90
- 9-03 Leitfragen für das Portfolio ... 90

10. Literatur ... 91

Kopiervorlagen auf CD ... 93

Vorwort

Die Praxisbücher zur Förderung von Schlüsselqualifikationen und Soft Skills behandeln unter dem Motto „Schüler fit machen für Schule und Zukunft" jeweilige Kompetenzfelder, deren Vermittlung auch und in immer stärker werdendem Maße Auftrag der Schulbildung ist. Der verstärkten Kompetenzorientierung in den Lehrplänen steht allerdings die Tatsache gegenüber, dass sich in unserer schulischen Bildungslandschaft nach wie vor keine Unterrichtsfächer wie „Präsentieren", „Wissenschaftliches Schreiben", „Lernen" oder „Teamfähigkeit" flächendeckend haben durchsetzen können. Stattdessen sollen die Lehrer diese Kompetenzorientierung in ihren Fachunterricht integrieren und bestimmte Fähig- und Fertigkeiten „nebenher" vermitteln. Dass dann einzelne Kompetenzbereiche eng an einzelne Fachgegenstände gekoppelt werden, bleibt nicht aus. Denn wann kann ich mir als Lehrperson schon zeitlich erlauben, einfach mal eine Doppelstunde lang fächerübergreifende Lernstrategien zu besprechen oder themenunspezifische Schreibübungen durchzuführen?

Die Kompetenzvermittlung muss also augenscheinlich in den Fachunterricht integriert werden, solange hierfür nicht eigenständige Unterrichtsfächer etabliert wurden. Diese Rahmenbedingung ist Ausgangspunkt für die hiesige Reihe. Insofern adressiert sie Lehrer ganz gleich welcher Fachrichtung und Schulform. Es werden Angebote bereitgestellt, wie im Unterricht ganz konkret an einzelnen Schlüsselqualifikationen und Soft Skills gearbeitet werden kann.

Doch worin liegt eigentlich der genaue definitorische Unterschied? Schlüsselqualifikationen sind „erwerbbare allgemeine Fähigkeiten, Einstellungen und Strategien, die bei der Lösung von Problemen und beim Erwerb neuer Kompetenzen in möglichst vielen Inhaltsbereichen von Nutzen sind" (Bildungskommission NRW 1995: 113 f.). Somit betreffen sie beispielsweise die „allgemeine Fähigkeit", einer Gruppe ein eingegrenztes Sachgebiet zu präsentieren oder einen Text nach wissenschaftlichen Standards zu verfassen. Ebenso helfen etwa Lernstrategien beim eigenständigen Erschließen neuer Wissenselemente oder Teamkompetenzen bei der Lösung gruppendynamischer Spannungen.

Soft Skills (auch: soziale Kompetenzen) meinen die *persönlichen* Fähigkeiten und Einstellungen, die stärker über den individuellen sozialen Erfolg entscheiden. Bin ich grundsätzlich teamorientiert? Verfüge ich über die nötige emotionale Intelligenz, um die Handlungsabsichten anderer zu erkennen und mit meinen eigenen vereinbaren zu können? Solche Fragen betreffen die tagtägliche soziale Interaktion und könnten auch als „Lebenskompetenzen" übersetzt werden, wohingegen die Schlüsselqualifikationen eher die institutionalisierten Kontexte betreffen und daher gewissermaßen als „Berufskompetenzen" bezeichnet werden können.

Hierin erklärt sich auch das Motto dieser Reihe: Schüler sollen fit gemacht werden für die Schule (Schlüsselqualifikationen/Berufskompetenzen) und ihre je individuelle Zukunft (*Soft Skills*/Lebenskompetenzen).

Die jeweiligen Bände weisen eine gemeinsame Struktur auf und folgen damit der didaktischen Grundüberzeugung unseres Autorenteams: Unser Unterricht (als Lehrer, Dozenten und Multiplikatoren) ist gekennzeichnet von einem regelmäßigen Wechsel aus Theorie und Praxis. Wir vertreten das Konzept des didaktischen Doppeldeckers (vgl. auch das Kapitel 2 in Band 1), demzufolge Instruktions- und Konstruktionsphasen stets miteinander kombiniert werden sollten. Auch der Name unseres Fortbildungsunternehmens „Reflaction" deutet auf diese grundlegende didaktische Struktur hin, zwischen theoretisch-reflexiven Unterrichtsphasen (‚*reflection*') und praktisch-anwendungsorientierten Übungsphasen (‚*action*') zu wechseln. In einem jeweiligen Teil A werden auf systematische Weise Anregungen gegeben und Argumentationen abgebildet. Dieser Teil richtet sich in erster Linie an die Lehrer selbst und dient der theoretischen Fundierung praxisorientierter Unterrichtskonzepte.

Am Ende einiger zentraler Kapitel findet sich eine *Concept Map* (vgl. Novak 1998), die dem Leser als zusammenfassende Übersicht dienen soll. Ein weiterer Vorteil (neben dem zusammenfassenden Charakter) kann darin gesehen werden, dass es – nach Lektüre eines jeweiligen Kapitels und Durchsicht der dazugehörigen Concept Map – möglich sein sollte, beim erneuten Nachschlagen in den Bänden dieser Reihe jeweils nur noch einmal die entsprechenden Concept Maps zu sichten, um sich die Inhalte der einzelnen Kapitel in Erinnerung zu rufen. In einem Teil B sollen Anwendungsbeispiele gegeben und vor allem Übungen vorgeschlagen werden, wie die Lehrer konkret mit ihren Schülern zum Thema arbeiten können. Außerdem wird in diesem Teil auf Arbeitsblätter, Übersichten und weitere Kopiervorlagen hingewiesen, welche sich auf der jeweils beigefügten CD befinden. Generell sind wir der Überzeugung: Wer A sagt, muss auch B sagen. Insofern finden sich die Teile A und B in jedem Band dieser Reihe wieder – mal chronologisch hintereinandergeschaltet, mal einander abwechselnd und sich aufeinander beziehend. Unsere Ziele (und Ihr konkreter Nutzen) lassen sich in folgenden drei Punkten zusammenfassen:

(1) Wir möchten ganz allgemein für bestimmte Kompetenzbereiche sensibilisieren, die auch im Rahmen der eigenen Lehrtätigkeit wichtig sind und daher auch der **eigenen Weiterqualifizierung** dienen können.
(2) Wir möchten Ihnen in Teil A **allgemeine Anregungen zur Kompetenzvermittlung** des entsprechenden Themengebiets geben.
(3) Wir möchten mit Teil B **konkrete Methodenvorschläge** machen, die jeweils auf Ihre Schülerklientel anpassbar sind.

Die Reihe richtet sich in erster Linie an Akteure im schulischen Kontext. Die einzelnen Bände können aber auch von anderen Personengruppen ideal eingesetzt werden (Dozenten, Studierende im Allgemeinen, Tutoren im Speziellen, Trainer und Kommunikationsberater). Hierfür ist bei der Lektüre allerdings die explizit hervorgehobene Zielgruppe (Lehrer/Schüler) zu abstrahieren. Der didaktisch tätige Leser muss also ggf. die beschriebenen Methoden und Anforderungsniveaus entsprechend an seine Klientel anpassen.

Einleitung

Warum sollte man eigentlich wissenschaftliches Schreiben bereits in der Schule trainieren?

Wissenschaftlich zu schreiben, so könnte man meinen, sei eine Fertigkeit, die nur für diejenigen Schülerinnen und Schüler relevant sei, die später studieren werden. Doch selbst mit Blick auf die Anforderungen verschiedener Studienfächer wird deutlich: Der Textsorte ‚Wissenschaftliche Hausarbeit' wird – im Vergleich zu Klausuren oder Referaten – in der Regel wenig Raum im Studium geboten. In geisteswissenschaftlichen Studienfächern sind in der gesamten Bachelorphase vielerorts (inkl. der Bachelorarbeit) gerade einmal drei bis vier wissenschaftliche Arbeiten in der Studienordnung vorgesehen, in Natur- und Ingenieurswissenschaften z. T. sogar nur die Abschlussarbeit.

Wenn selbst Studierende pro Fach und Studienjahr maximal eine wissenschaftliche Arbeit schreiben, so stellt sich berechtigterweise die Frage: Ist wissenschaftliches Schreiben nicht eine Schlüsselqualifikation, die lediglich von Berufswissenschaftlern beherrscht werden sollte? Ist es demnach überhaupt nötig, diese Qualifikation im Studium oder gar in der Schule zu vermitteln und zu trainieren?

Meine klare Antwort auf die letzte Frage lautet: Auf jeden Fall!

Die Fähigkeit, einen Text verfassen zu können, der wissenschaftlichen Ansprüchen genügt, mag tatsächlich nur in akademischen Berufsfeldern und im Wissenschaftsjournalismus gefordert sein. Wissenschaftliches Arbeiten *einzuüben* birgt allerdings ein kostbares Bündel verschiedener Schlüsselqualifikationen, Erkenntnis- und Kompetenzzugewinne in sich, die allesamt für Schule, Studium, Beruf und das weitere Leben lohnenswert sind. Ohne Anspruch auf Vollständigkeit werden einige dieser Qualifikationen und Erkenntnisgewinne im Folgenden reflektiert:

a) Sprachreflexion und Schreibkompetenz

Wer wissenschaftliche Texte schreibt, muss permanent über Sprache reflektieren: Ist die gebrauchte Formulierung eindeutig genug oder muss ich sie explizieren/modifizieren? Ist der verwendete Begriff eindeutig definiert oder ist er semantisch vorbelastet? Sind alle Formulierungen wertfrei?

Schüler wissenschaftliches Schreiben üben zu lassen, ist eine ausgezeichnete Möglichkeit, ihnen bei der Optimierung des eigenen Sprachverhaltens und Schreibstils zu helfen. Eine Kompetenzerweiterung in diesem Feld ist nicht allein für die Wissenschaft, sondern für viele Berufsziele von Nutzen.

b) Gründlichkeit / Gewissenhaftes Arbeiten

Von keiner anderen Textsorte wird ein größeres Maß an Gewissenhaftigkeit und Gründlichkeit abverlangt als von wissenschaftlichen Texten: Alle Aussagen müssen gut recherchiert und belegbar sein, alle Zitate und Entlehnungen korrekt markiert, Formulierungen dürfen keinen Interpretationsspielraum zulassen. Wer gelernt hat, wissenschaftlich korrekt zu arbeiten, hat gelernt, gründlich zu arbeiten. Gründlichkeit ist in praktisch jedem Beruf wünschenswert.

c) Recherchekompetenz

Die Fähigkeit, gewissenhaft zu recherchieren, ist nicht nur eine notwendige Schlüsselkompetenz für verschiedene Berufsfelder; sie hilft vielmehr Schülern indirekt dabei, sich zu mündigen Bürgern einer demokratischen Mediengesellschaft zu entwickeln. Nie zuvor waren so viele Informationen so schnell verfügbar wie im Zeitalter von Smartphones und Internet. Doch der Fortschritt in Quantität und Verfügbarkeit von Informationen sichert – bisweilen und in absehbarer Zeit – noch nicht die Qualität der Informationen. Schüler müssen demnach lernen, Informationsangebote kritisch zu evaluieren und verschiedene Quellen zu Rate zu ziehen. Was böte sich besser an, als von dem hierin größten Vorbild, der wissenschaftlichen Recherche, zu lernen?

Einleitung

d) Argumentations- und Reflexionsfähigkeit

Wissenschaftliches Schreiben verlangt – im Gegensatz zum Vertreten einer Meinung oder eines Geschmacksurteils – konsequent eine Begründung der Aussagen. Ist die formulierte Aussage intersubjektiv verifizierbar oder unterliege ich hier einer subjektiven Überzeugung? Kann ich alle Behauptungen auch logisch-argumentativ oder empirisch belegen? Derartiges kritisches Reflektieren wird beim wissenschaftlichen Schreiben geübt. Es ist über den Kontext der Arbeit hinaus in sämtlichen – persönlichen, zwischenmenschlichen und beruflichen – Lebenssituationen nützlich. Die intensive Explikation des Gedachten, die im Schreibprozess generell stattfindet, kann als „Problemlösen" (Paefgen 1996: 59 ff.) verstanden werden. Das epistemische Schreiben, zu dem auch das wissenschaftliche Schreiben gehört, ist dabei die schwierigste und anspruchsvollste Form (vgl. Bereiter 1980: 73 ff.) – aber vermutlich auch diejenige, die den größten Fortschritt in der Entwicklung der eigenen *Soft Skills* mit sich bringt.

e) Selbstorganisation/Eigenständigkeit

Das Verfassen eines wissenschaftlichen Textes ist ein Projekt, wie Schülerinnen und Schüler es in diesem Umfang vor der Facharbeit i.d.R. nicht durchgeführt haben. Eine genaue Zeitplanung sowie Selbstmotivation zu Recherche-, Lese- und Schreibprozessen erfordern ein hohes Maß an Selbstorganisation. Methodisch durchdachtes Finden eines Themas, Durchführung und Evaluierung der Recherche, souveräner Umgang mit Quellen und das Untersuchen des Forschungsgegenstandes verlangen von Schülerinnen und Schülern ein hohes Maß an Eigenständigkeit ab. Durch die Erfahrung, derartige Projekte durchzuführen, erhalten Schülerinnen und Schüler die Chance, eigenständige Organisation zu trainieren.

f) Empathiefähigkeit

Schreibkompetenz und Empathiefähigkeit bedingen sich gegenseitig. Ein Schreiber, der konsequent seine Zielgruppe als implizite Leser mitdenkt, wird seine Inhalte eindeutiger und transparenter vermitteln als ein Schreiber, der ‚nur' seine eigenen Gedanken niederschreibt und dabei seinen Adressaten vergisst. Beim wissenschaftlichen Schreiben ist es im besonderen Maße notwendig, mögliche Assoziationen, die ein potentieller Leser zu dem eigenen Text hat, mitzudenken. Wie bei den vorher genannten Aspekten kann sich diese Fähigkeit durch das Training wissenschaftlichen Schreibens verbessern. Empathie ist für jede zwischenmenschliche Interaktion notwendig und damit für Privat- und Berufsleben wünschenswert.

Wissenschaftliches Schreiben kann also eine Vielzahl an *Soft Skills* trainieren und Schülerinnen und Schüler damit nicht nur „fit machen für die Schule", sondern eben auch für ihre jeweilige Zukunft. Dieser Band soll Ihnen, liebe Lehrerinnen und Lehrer an Schulen und auch an Hochschulen, ein breites Angebot dazu bieten, wie Sie Ihren Schülern oder Studierenden dieses komplexe Thema kurz, aber nachhaltig vermitteln können. Wie in allen Bänden dieser Reihe finden Sie dazu in Teil A eine prägnante Zusammenfassung aller Lehrinhalte sowie didaktische Überlegungen, in Teil B Anregungen und Arbeitsmaterialien zur methodischen Umsetzung.[1]

Im ersten Schritt (Kap. 1) soll es darum gehen, Schülern zunächst einen Begriff davon zu vermitteln, was überhaupt Wissenschaft bedeutet: Wissenschaftliches Arbeiten wird nicht allein durch das Erlernen von formalen Vorgaben und Methoden trainiert, sondern durch ein gründliches Einüben kritischen Reflektierens. Dies ist die Basis für alle wissenschaftlichen Arbeitsprozesse. Je fundierter das Wissenschaftsverständnis der Schüler ist, desto höher ist letztlich ihr Erfolg beim wissenschaftlichen Arbeiten. Aus diesem Grund findet dieses Kapitel eine besondere Berücksichtigung im Vergleich zu vielen anderen Ratgebern und Einführungsbüchern zum wissenschaftlichen Arbeiten. Die investierte

---

[1] In diesem Band wird jedes einzelne Kapitel in einen Teil A und B aufgeteilt, da die methodischen Entwürfe inhaltlich näher an die theoretischen Vorüberlegungen anknüpfen.

Einleitung

Unterrichtszeit in derartige erkenntnistheoretische Reflektionen zahlt sich später vielfach aus.

Anschließend (Kap. 2) werden aus den erkenntnistheoretischen Reflektionen des ersten Kapitels Gütekriterien für das wissenschaftliche Arbeiten abgeleitet. Diese stellen eine Schnittstelle zwischen Theorie und Praxis dar und helfen Schülern dabei, die folgenden Arbeitstechniken erfolgreich (d. h. nach wissenschaftlichen Ansprüchen) umzusetzen. Schließlich werden die praktischen Arbeitsschritte, die Schülerinnen und Schüler oder Studierende beim Verfassen eines wissenschaftlichen Textes durchlaufen, reflektiert: Themenfindung (Kap. 3), Literaturrecherche (Kap. 4), Lesen (Kap. 5) und Exzerpieren (Kap. 6) wissenschaftlicher Texte sowie die Gestaltung der Arbeit unter Berücksichtigung der Zitation (Kap. 7), des Aufbaus und der Formatierung (Kap. 8) und des wissenschaftlichen Schreibstils (Kap. 9).

Die einzelnen Kapitel können als eigenständige Unterrichtseinheit verwendet werden[2], ebenso ist es aber natürlich möglich, die Inhalte des gesamten Bandes als einheitliche Unterrichtsreihe zu vermitteln.[3] Die hier zusammengetragenen Inhalte und methodischen Ideen wurden sowohl mit Oberstufenschülern als auch mit Studierenden der ersten beiden Semester praktisch ausprobiert. Primäre Zielgruppen sind also gleichermaßen Oberstufenschüler und Studierende.[4] Eine Übertragung einzelner Unterrichtseinheiten für Schülerinnen und Schüler der 9. und 10. Klasse ist denkbar.

Schreibstilistisch sei zu diesem Band zweierlei angemerkt: 1. Wie alle Verfasser von Ratgebern zum wissenschaftlichen Schreiben befinde ich mich in der paradoxen Situation, dass ich *über* wissenschaftlichen Schreibstil schreibe, aber selbst hier nicht (zumindest nicht konsequent) wissenschaftlich schreibe. Ein didaktischer Ratgeber, ein Praxisbuch, ist keine wissenschaftliche Studie. Normative Formulierungen, persönliche Erfahrungsberichte und Einschätzungen sind in einem solchen Praxisbuch nicht gänzlich zu vermeiden. Auch ist die Leserfreundlichkeit hier höher zu gewichten als in rein wissenschaftlichen Untersuchungen. Es wird daher ein Kompromiss gewählt: Aspekte des wissenschaftlichen Schreibens werden berücksichtigt, Ansprüche an ein propädeutisches Praxisbuch und einen didaktischen Ratgeber aber ebenso. Im Zweifelsfall obsiegen letztere. 2. Trotz einer persönlichen Vorliebe für geschlechtsneutrale Formulierungen sowie für die Benennung beider Geschlechter wird sich in diesem Band aus textökonomischen Gründen in weiten Teilen gegen die Verwendung ebensolcher entschieden. Auf die Abkürzung „SuS" für „Schülerinnen und Schüler" wird aus ästhetischen Gründen verzichtet, daher bleibt „Schüler" nach dieser Entscheidung (leider) die einzige Alternative, um gleichermaßen weibliche und männliche „Schüler_innen" zu bezeichnen. Zumindest im Fall der „Studierenden" kann eine geschlechtsneutrale Formulierung verwendet werden (in der Kenntnis, dass diese in manchen Augen ungrammatisch sei).

Ich danke Dennis Sawatzki für jahrelange Zusammenarbeit und für die Möglichkeit meiner Mitarbeit an dieser Reihe. Ich danke Melanie Dörr vom Auer Verlag für die Chance, diese Reihe zu publizieren. Dr. Kerstin Kucharczik verdanke ich eine fundierte Ausbildung in allen Aspekten des wissenschaftlichen Arbeitens sowie zahlreiche inhaltliche und didaktische Anregungen. Den Tutorenteams des Germanistischen Instituts der Ruhr-Universität Bochum verdanke ich

---

[2] Themen wie Exzerpieren (Kap. 6) oder Zitieren (Kap. 7) können z. B. einzeln als Ergänzung zum Thema ‚Textanalyse' im Deutschunterricht vermittelt werden. Themenfindung (Kap. 3) oder Lektüre (Kap. 5) können auch in anderen Kontexten Anwendung finden (z. B. zu Themen wie ‚Referate und Präsentationen').

[3] Dies wäre der Idealfall. Eine vollständige Vermittlung ist im schulischen Kontext möglich, sofern es eigene Kolloquien oder Unterrichtsreihen zur Vorbereitung der Facharbeit (in einigen Bundesländern: Seminararbeit) gibt. Im universitären Kontext ist dies im Rahmen von Tutorien und propädeutischen Übungen/Seminaren jederzeit möglich.

[4] Aus diesem Grund wird bei den Arbeitsblättern – anders als in anderen Bänden dieser Reihe – das „Sie" als Anrede gewählt.

Einleitung

anregende Diskussionen zur Vermittlung wissenschaftlicher Arbeitstechniken. Den Teilnehmerinnen und Teilnehmern meiner Multiplikatorenausbildungen, Tutorien, Seminare und Schülerworkshops danke ich für das Ausprobieren und Evaluieren der hier vorgestellten Methoden. Stefan Kuch, Jacqueline Thißen, Sebastian Brass, Daniel Händel, Annette Wolff, Judith Janutta, Romina Scheudoschi, Manfred Heim, Nils Beckmann, Marvin Wehrmann, Yves Suermann, Hendrik Schnieders, Maren Büchel, Ilka Lemke, Sandra Hiller, Steffen Hessler, Pascal Biesenbach, Verena Holland, Frank Borchers, Carsten Pfeil und vielen anderen sei für tiefe Gespräche zum Thema gedankt. Dennis, Sebastian und Steff danke ich zudem für Feedback und Korrektur! Meiner Familie und meinen Freunden danke ich für Unterstützung jeder Art. Ohne Sie und Euch wäre dieses Buch nicht möglich gewesen!

Dennis Thiel

1. Einführung in den Wissenschaftsbegriff

A – Theoretische Vorüberlegungen und Hintergrundwissen

1.1 Relevanz des Themas

Es ist sicherlich möglich, Schülern formale Aspekte des wissenschaftlichen Schreibens zu vermitteln, ohne erkenntnistheoretische Hintergründe für Wissenschaft in den Unterricht zu integrieren. Doch es stellt sich die Frage, wie nachhaltig und überzeugt Schüler Kriterien wissenschaftlichen Arbeitens auch anwenden können, wenn sie nicht verstanden haben, *warum* Wissenschaft eigentlich so funktioniert, wie sie funktioniert.

Aus diesem Grund ist es sinnvoll, eine Lehreinheit zum wissenschaftlichen Schreiben durchaus mit einigen philosophischen Gedanken zu beginnen, die die historische Ursache für unser modernes Wissenschaftsverständnis sind. Denn erst wenn Schüler verstanden haben, dass es sinnvolle Gründe für die Akribie bei wissenschaftlichem Arbeiten gibt, werden sie in die Lage versetzt, aus intrinsischer Motivation heraus auch so akribisch arbeiten zu können (statt formale Vorgaben einfach auswendig zu lernen und unreflektiert zu imitieren – was wiederum sehr unwissenschaftlich wäre).

Weiterhin ist Wissenschaft ohne generelles kritisches und selbstkritisches Hinterfragen gar nicht denkbar: Bereits bei der Themenfindung für einen wissenschaftlichen Text muss der Verfasser trennscharf unterscheiden, ob das eigene Forschungsinteresse objektivierbar ist oder ob ihm persönliche Überzeugungen, Vorurteile oder Geschmacksurteile zugrunde liegen. Bei der Literaturrecherche müssen Rechercheinstrumente auf ihre wissenschaftliche Tauglichkeit kritisch geprüft werden. Bei der Quellenauswahl und -lektüre müssen Forschungspositionen kritisch hinterfragt werden. Und letztlich muss beim Schreiben eigener wissenschaftlicher Texte konsequent reflektiert werden, ob die eigenen Formulierungen frei von z. B. Interpretationsspielräumen, Generalisierungen und subjektiven Bewertungen sind.

Kritisches Hinterfragen begleitet also jeden Arbeitsschritt beim Verfassen einer wissenschaftlichen Arbeit. Insofern ist kritisches (Selbst-)Reflektieren die wichtigste Metakompetenz, um überhaupt wissenschaftlich arbeiten zu können. Erkenntnistheoretische Fragen helfen Schülern und Studierenden dabei, kritisches Hinterfragen auf wissenschaftlichem Niveau zu trainieren. Aus diesem Grund ist es sehr empfehlenswert, möglichst früh, d. h. spätestens in der Oberstufe, Unterrichtseinheiten anzubieten, die ein solches Training ermöglichen.

Die Schwierigkeit, die sich hierbei ergibt, besteht im Wesentlichen darin, ein so komplexes Thema in kurzer Zeit zu vermitteln. Gewiss ist es zeitlich nicht möglich, sämtliche epistemologische Theorien schülergerecht in ein oder zwei Unterrichtsstunden zu behandeln. Es bietet sich aber zumindest an, die erkenntnistheoretische Notwendigkeit von Wissenschaftlichkeit anhand von schülergerechten Beispielen zu demonstrieren, die ohne die theoretische Komplexität auskommen. Die Beispiele sollten zudem gleichermaßen in einer zusammenhängenden Lehreinheit, aber auch sporadisch in anderen curricularen Unterrichtsthemen[1] Anwendung finden können. Solche Beispiele zu finden, ist Ziel dieses Kapitels.

---

[1] Denkbar ist z. B. eine Verknüpfung mit Zielen aus dem Deutschunterricht wie Sprachreflexion, Medienkompetenz oder Schreibkompetenz.

A – Theoretische Vorüberlegungen und Hintergrundwissen

1.2 Wissenschaft als notwendige Antwort auf erkenntnistheoretische Fragen

„Was kann ich wissen?" (Kant 1966: 815 [=B 832/A 804])[2] – So lautet die erste der vier philosophischen Grundfragen Immanuel Kants. Für Schüler, die sich noch nie oder kaum mit Philosophie beschäftigt haben, mag diese Frage vielleicht banal klingen: Es erscheint uns doch so, als ob wir sehr viel wissen und dieses Wissen selbstverständlich auch wahr ist.

Bereits in der frühen Kindheit lernen wir die Welt als etwas kennen, das in klaren Dichotomien kategorisiert und gedacht werden kann: gut/böse, richtig/falsch, wahr/unwahr, schön/hässlich etc. In sämtlichen trivialen Kunstformen, in der Werbung, aber auch in Illustrierten, im Fernsehen, in Computerspielen und im Internet sind diese absoluten Stereotype omnipräsent und selten hinterfragt. Da mag schnell der Eindruck entstehen, dass es sehr einfach sei, Wahrheit/Wissen zu erkennen.

Es bedarf einiger (und durchaus zufälliger) Lebenserfahrung, um zu erkennen, dass die oben genannten Kategorien nicht unbedingt Dichotomien, sondern lediglich Extreme auf einer Skala sind – metaphorisch gesprochen: Zwischen Schwarz und Weiß existieren viele Grautöne. Zwar haben z. B. evolutionsbiologische Mechanismen wahrscheinlich einen Einfluss auf das menschliche Bewerten, was am menschlichen Körper als schön und hässlich gilt, allerdings lässt sich auch feststellen, dass zu unterschiedlichen Zeiten und in unterschiedlichen Kulturen durchaus unterschiedliche Geschmäcker zur Ästhetik des menschlichen Körpers herrschten: So ist z. B. in der einen Zeit starke Körperbehaarung ein Zeichen von positiv konnotierter Maskulinität, in einer anderen Zeit gilt sie hingegen als unäs-thetisch. Doch auch ein gemeinhin als weniger schön bewerteter Körper kann an Attraktivität hinzugewinnen, wenn ihm ein charismatischer, begabter, intelligenter, humorvoller und/oder freundlicher Mensch innewohnt usw. ‚Schön' ist daher weniger ein absoluter als ein relativer Begriff. Ähnliche Beispiele lassen sich ebenso für die anderen genannten Dichotomien finden.

Mit Überlegungen dieser Art beginnt die philosophische Erkenntnistheorie. Ein genauerer Blick auf unser Wissen zeigt, dass vieles, was wir selbstverständlich für ‚Wahrheit' oder ‚Wissen' halten, letztlich kein (im philosophischen und wissenschaftlichen Sinne) *gesichertes* Wissen ist. Um überhaupt wissenschaftlich korrekt arbeiten zu können, ist aber gerade eine strenge Trennung zwischen einer subjektiven, relativen Wahrheit (*dóxa*: Meinung) und einer objektivierbaren, wissenschaftlichen Wahrheit (*episteme*: Wissen) unumgänglich. Gerade diese Trennung macht Wissenschaft erst zu einem eigenständigen Gesellschaftssystem: Die Aufgabe von Wissenschaft ist es, gesicherte Erkenntnisse (= Wahrheit, Wissen) über die Welt durch Forschung zu gewinnen. Diese Suche nach objektivierbarer Wahrheit ist dabei zwangsläufig eine Trennung der Wahrheit von subjektiven Meinungen, Wirklichkeitswahrnehmungen, Geschmacksurteilen etc.

dóxa = subjektive, relative „Wahrheit"	Bsp.: persönliche Meinung, (politische, ethische) Überzeugung, Geschmacksurteile
episteme = objektivierbare, intersubjektiv nachvollziehbare Wahrheit	Bsp.: durch empirische oder logische Beweise erworbenes Wissen

Tabelle 1: *dóxa* versus *episteme*

Die Vermischung oder Verwechselung von *dóxa* und *episteme* ist eine typische Fehlerquelle beim wissenschaftlichen Schreiben: Es bedarf eines langen Trainings, um tiefe persönliche Überzeugungen über das, was gut, schön, richtig und wahr ist, von dem zu trennen, was intersubjektiv

---
[2] Neben der hier üblichen Harvard-Zitation wird bei philosophischen Klassikern zusätzlich (in eckigen Klammern) die fachspezifische Seitenangabe ergänzt: Dies hilft dabei, die Textstelle unabhängig von der Ausgabe wiederfinden zu können.

1. Einführung in den Wissenschaftsbegriff

auch wahr sein kann. Gerade dies mag wissenschaftliches Schreiben – zumindest für Anfänger – unattraktiv machen: Wissenschaftliches Schreiben wirkt teilweise kontraintuitiv zu unseren neuronalen Abspeicherungsmechanismen. Wir bilden Vorurteile, Stereotype und Meinungen aufgrund der Häufigkeit und der emotionalen Intensität, wie oft und wie emotional wir mit Informationen konfrontiert werden. Dies kann z. B. überlebenswichtig sein (Feuer schmerzt, verletzt, tötet = Vorsicht!), aber auch zu falschem Wissen, Aberglaube, Mobbing, Hexenjagden oder Rassismus (u.v.m.) führen. Wissenschaft muss hingegen – egal wie oft man eine Aussage gehört hat oder wie emotional das Thema uns tangiert – vorurteilsfrei bleiben.

Der Anfang aller Wissenschaft ist daher die erkenntnistheoretische Frage, was ich (gesichert) wissen *kann* und was nur Vorurteile, Meinungen etc. sind – oder philosophisch gesprochen: Wissenschaft beginnt mit der Frage *nach den Bedingungen der Möglichkeit von Erkenntnis.* Diese Frage ist eine selbstkritische Frage: Wissenschaft als System – aber auch jeder einzelne Wissenschaftler – muss sich konsequent selbst hinterfragen, ob einerseits die institutionellen Rahmenbedingungen und die Forschungsmethoden weiterhin der Wahrheitsfindung dienlich sind, und anderseits auch, ob die bislang als gesichert geltenden Wahrheiten auch weiterhin Anspruch auf Wahrheit haben können. Nur diese Ergebnisoffenheit[3] sichert die Möglichkeit weiterer Erkenntnis. Ein blindes Vertrauen auf das Gewohnte, was uns Wahrheit suggeriert, bedeutet hingegen Dogmatismus, welcher die Wissenschaft lähmt oder schließlich ad absurdum führt. Der moderne Wissenschaftsbegriff ist daher progressiv und selbstkritisch.

Die Philosophie hat sich in ihrer langen Geschichte immer wieder mit erkenntnistheoretischen Problemen und Fragen auseinandergesetzt[4]: Unsere Sinneswahrnehmungen sind nicht perfekt, um Wirklichkeit 1:1 zu erfassen. Unsere Sprache ist nicht perfekt, um Wirklichkeit 1:1 zu beschreiben. Unser Hirn ist nicht perfekt, um Wirklichkeit 1:1 abzuspeichern. All dies sind mögliche Grenzen dessen, was wir – im erkenntnistheoretischen Sinne – *wissen* können. Die jeweilige Wissenschaft ihrer Zeit ist immer auch eine Antwort auf diese Erkenntnisgrenzen. Und gleichsam sind wissenschaftliche Arbeitstechniken und Methoden immer auch die Antwort darauf, wie diese Erkenntnisgrenzen kompensiert werden können, um trotz natürlicher Erkenntnisgrenzen gesichertes Wissen, Wahrheit, finden zu können. Ein kritisches Hinterfragen der eigenen Erkenntnis, des eigenen Wissens ist also Grundbedingung wissenschaftlichen Arbeitens.

Manchen Menschen mag es aus einem anthropozentrischen Stolz heraus unattraktiv erscheinen, sich einzugestehen, dass wir Menschen natürliche Erkenntnisgrenzen haben und dass die eigene Meinung, der eigene Geschmack und die eigene Wirklichkeitswahrnehmung nicht zwangsläufig einen Anspruch auf intersubjektive, objektivierbare Wahrheit haben. Allerdings wird derjenige, der seine Prämissen für unfehlbar hält, eher einen wissenschaftlichen Fehler begehen als derjenige, der seiner eigenen erkenntnistheoretischen Konstitution mit gesunder Skepsis gegenübersteht. Gerade deswegen ist es wünschenswert, dass bereits Schülerinnen und Schüler frühzeitig das kritische, aber auch selbstkritische Hinterfragen erlernen.

Um Schüler dafür zu sensibilisieren, wissenschaftlich korrekt zu arbeiten, ist es daher zunächst sinnvoll, sie ihre eigenen Erkenntnisgrenzen

---

[3] Ergebnisoffenheit ist ein wesentliches Kriterium wissenschaftlicher Hypothesen (vgl. Töpfer 2009:148f.).

[4] Ohne Anspruch auf Vollständigkeit seien einige erkenntnistheoretische Meilensteine genannt, deren Gedanken – vertiefend zu dieser Einheit – schülergerecht vermittelt werden können: Platons Höhlengleichnis (Platon 1958: 327 ff. [= 514a ff.]), der methodische Zweifel bei René Descartes (1986: 77 ff. [=23/24 ff.]), die kopernikanische Wende in Bezug auf Kopernikus selbst und/oder die „Umänderung der Denkart" bei Immanuel Kant (1966: 27 ff. [= B XIV ff.]), Grundgedanken des Strukturalismus' (prägnante Zusammenfassung: Kucharczik 2009: 679 ff.), der Falsifikationismus bei Karl Popper (2005: 17 ff.), der Begriff des Paradigmenwechsels bei Thomas S. Kuhn (2001: 121 ff.), die Systemtheorie bei Niklas Luhmann (1987: 14 ff.), der Begriff des Mängelwesens bei Arnold Gehlen (2009: 33 ff.).

A – Theoretische Vorüberlegungen und Hintergrundwissen

reflektieren zu lassen: So wird – ganz praxisorientiert – ein Bewusstsein für typische Fehlerquellen beim wissenschaftlichen Schreiben geschaffen. Für menschliche Erkenntnisgrenzen gibt es verschiedene Beispiele, die in den folgenden Unterkapiteln vorgestellt werden.

1.2.1 Sinnesorgane und Sinneswahrnehmung versus Wirklichkeit

Unsere Sinnesorgane sind nicht perfekt, um Wirklichkeit gänzlich zu erfassen. Es gibt Töne (z. B. Ultraschall), die das menschliche Ohr nicht hören kann. Es gibt Farben (z. B. Infrarot) und Dinge (z. B. Einzeller), die das menschliche Auge nicht sehen kann. Für unser Alltagsleben gibt es zwar keinen Anlass, uns deswegen als ‚Mängelwesen' (vgl. Gehlen 2009: 33 ff.)[5] zu begreifen, aus erkenntnistheoretischer Sicht sind wir es dennoch: Wissenschaftliche Fehlurteile, die auf Vertrauen gegenüber den Sinneswahrnehmungen basieren, können verheerende Folgen für die Menschheit haben. Drei von vielen Beispielen hierzu:

1) Unsere Augen geben uns keinen Anlass davon auszugehen, dass wir auf einer Kugel leben. Die ersten Astronomen hatten es daher nicht leicht, andere Menschen hiervon zu überzeugen. Spott und Verfolgung waren die Konsequenz für solche Wahrheiten, die unseren Sinneswahrnehmungen nicht zu entsprechen scheinen. Rechtbehalten haben letztlich aber diejenigen, die ihren Augen nicht getraut haben.

2) Bevor die Existenz von Viren und Bakterien bewiesen werden konnte, wurden Götter, böse Geister, Tiere oder andere Menschen für Krankheiten verantwortlich gemacht – mit z. T. tödlichen Konsequenzen für die zu Unrecht Verdächtigten (und letztlich auch für die Erkrankten).

3) Verschiedene Strahlungen sind unsichtbar und können dennoch tödlich oder schädlich sein. Würden Wissenschaftler nicht auch nach dem forschen, was außerhalb unserer Sinneswahrnehmungen liegt, würden wir dies nicht wissen und wären hilflos gegenüber atomarer Strahlung, Hautkrebs oder Röntgenstrahlen.

Wenn wir bei Gehlens Begriff des Mängelwesens bleiben, sind wissenschaftliche Instrumente, Experimente, empirische Studien etc. das, was Gehlen als „Organersatz" bzw. „Organverlängerung" bezeichnet: Wissenschaft ist eine Kompensation für die durch Sinnesorgane verursachten Erkenntnisgrenzen. Ein Wissenschaftler muss daher seine eigene Sinneswahrnehmung kritisch hinterfragen und überlegen, wie er dennoch zu gesicherten Ergebnissen gelangen kann.

1.2.2 Meinung versus Wissen

Seit der griechischen Antike unterscheiden Philosophen die Begriffe ‚Meinung' (*dóxa*) und ‚Wissen' (*episteme*) (vgl. Kap. 1.2). Eine Meinung ist grundsätzlich nicht intersubjektiv begründbar, sondern ein subjektives Werturteil. Eine Meinung bewertet also etwas, ohne dies zu begründen. Wissen hingegen ist objektivierbar und intersubjektiv nachvollziehbar. Wissen ist notwendig allgemeingültig wahr, während eine Meinung nur relativ (d. h. in den Augen des Betrachters) wahr sein kann.

---

[5] Der Begriff stammt ursprünglich von Johann G. Herder, wird hier allerdings im Sinne Gehlens verwendet.

1. Einführung in den Wissenschaftsbegriff

Die eigene Meinung ist für einen wissenschaftlichen Text irrelevant, da sie nur eine persönliche Überzeugung des Autors wiedergibt und daher zur Wahrheitsfindung und zum Sammeln verifizierbaren Wissens nichts beitragen kann. Verfasser wissenschaftlicher Texte stehen daher vor der schwierigen Aufgabe, ihre Meinungen, Geschmacksurteile sowie ihre politischen und religiösen Überzeugungen von wissenschaftlich gesichertem Wissen zu trennen. Dies konsequent und in vollem Bewusstsein zu schaffen, erfordert viel Training. Daher ist es sinnvoll, damit bereits in der Schule zu beginnen. Um Schülern ein Gespür für diesen feinen Unterschied zu vermitteln, eignen sich Beispiele wie die Folgenden:

4) Aussagen wie „Basketball ist besser als Fußball." sind Geschmacksurteile. Diese Aussage ist nicht intersubjektiv gültig, d. h. objektivierbar, da es Menschen gibt, die Fußball lieber mögen als Basketball. Wissenschaftlich kann diese Meinung daher nicht verifiziert oder falsifiziert werden. Wissenschaft kann aber dann Bewertungen vornehmen, wenn ein objektivierbares Vergleichskriterium zu Hilfe genommen wird: „Basketball ist besser *für das Training der Armmuskulatur* geeignet als Fußball." Verfasser wissenschaftlicher Arbeiten dürfen also Bewertungen von Sachverhalten vornehmen, allerdings nur dann, wenn ihre Bewertung objektivierbar und verifizierbar ist.

5) In einer Studienarbeit fand sich folgender Satz: „Es deutet sich schon zu Anfang des Romans an, dass es kein glückliches Ende geben wird: Schon zu Beginn erfährt man, dass der Protagonist trotz zahlreicher Liebschaften nicht heiraten wird."[6]

Für den Verfasser scheint die Gleichsetzung ‚Ehe = Glück' oder zumindest ‚glückliches Romanende = Hochzeit am Ende' selbstverständlich zu sein. Dass Hochzeit und Ehe etwas Wünschenswertes sind, mag für viele Menschen eine unumstößliche Wahrheit sein. Dennoch ist eine Ehe nicht zwangsläufig und für alle Menschen wünschenswert: Nicht alle Ehen sind glücklich, nicht alle Menschen wollen (generell oder zu einem bestimmten Zeitpunkt) eine Ehe eingehen, auch eine glückliche Ehe kann Unglück für andere bedeuten (z. B. Eifersucht) etc.

Die Tatsache, dass am Ende eines Romans nicht geheiratet wird, bedeutet nicht zwangsläufig, dass dieses Ende nicht „glücklich" ist. Es ist die Frage, von welchem Standpunkt aus das Glück betrachtet wird: Vielleicht ist es ja ein großes Glück für die „zahlreiche[n] Liebschaften", dass sie vor einer Ehe mit dem Protagonisten bewahrt werden (und ggf. erst dadurch ihren wahren Traumpartner finden).

Diese Einwände sollen aufzeigen, dass selbst mächtige Überzeugungen und Werte wie die, dass Liebe oder Partnerschaft wünschenswert sind und Glück bedeuten, nur einen relativen Wahrheitsanspruch haben können.

Bei der Vermittlung dieses Aspekts im Unterricht ist es wichtig, den Schülern deutlich zu machen, dass es bei solchen Beispielen nicht darum geht, ihnen ihre eigenen Meinungen, Überzeugungen und Werturteile abzusprechen oder zu widerlegen: Wissenschaft verlangt von ihren Wissenschaftlern nicht, dass sie zu meinungs- und

---

[6] Die Negativbeispiele in diesem Buch basieren auf realen Fach- und Studienarbeiten, wurden allerdings in Wortwahl und in ihrem Kontext verfremdet, um die Anonymität der Verfasser zu wahren. Es handelt sich also um fiktive Beispiele mit realem Hintergrund.

A – Theoretische Vorüberlegungen und Hintergrundwissen

gefühlslosen Erkenntnismaschinen mutieren. Im Gegenteil ist es ein wissenschaftlicher Anspruch, dass die Wissenschaftler sich ihrer Meinungen, Geschmäcker und Gefühle deutlich bewusst werden, um diesen privaten Anteil von der wissenschaftlichen Arbeit – zumindest so gut es geht – zu trennen.

1.2.3 Glauben versus Wissen

Untersuchungsgegenstand moderner Wissenschaft sind Themen und Aussagen, die verifiziert oder falsifiziert werden können. Wissenschaft beschäftigt sich primär mit dem, was ist; nicht mit dem, was sein könnte. So kann die Wissenschaft z. B. zwar mit ihren Mitteln das Universum erforschen, kann gegenwärtig aber nicht behaupten noch widerlegen, dass es außerirdisches Leben gebe. Ebenso kann die Wissenschaft Religionen und Glaubensschriften beschreiben, erklären und verstehen, aber keine Aussage über die Existenz Gottes oder ein Leben nach dem Tod treffen. Dies ist dem System der Religionen überlassen, nicht dem System der Wissenschaft.

In einem modernen demokratischen und systemtheoretischen Wissenschaftsverständnis sind Religion und Wissenschaft aber keineswegs kontradiktorisch: Vielmehr ist eine friedliche Koexistenz möglich, sofern beide Systeme strikt getrennt voneinander agieren und die Gegenstände des jeweils anderen Systems nicht tangieren.[7] So konzentriert sich Wissenschaft auf die Erforschung der Fragen, die sie mit ihren Mitteln überhaupt beantworten kann (= Verifizierbarkeit/Falsifizierbarkeit), während sich Philosophie und Religion (aber auch Kunst und Mythologie) mit den Fragen beschäftigen, die Wissenschaft nicht beantworten kann. Wissenschaft ist daher Glaubensfragen gegenüber nicht zwangsläufig feindlich eingestellt: Sie *kann* hierzu mit ihrem Wissensbegriff schlichtweg keine Aussagen treffen und unterlässt es daher. Der Bereich des Nicht-Verifizierbaren umfasst aber nicht allein religiöse Fragen, sondern auch Legenden aller Art, nicht-verifizierbares Alltagswissen und Verschwörungstheorien. Diese werden im folgenden Kapitel vorgestellt.

1.2.4 Alltagsweisheiten versus Wissen

Unser Gehirn speichert Informationen umso stärker ab, a) je häufiger es mit der Information konfrontiert wird und b) je intensiver die Information uns emotional tangiert. Diese Funktionsweise bringt uns enorme Vorteile beim Überleben sowie beim Erlernen von Wissen, allerdings hat sie auch einen unerwünschten Nebeneffekt: Auch nutzlose oder unwahre Informationen werden gut abgespeichert, sofern sie häufig verbreitet werden und/oder emotional berühren. Genau hierin erklärt sich der Erfolg von Legenden, Alltagsweisheiten und Verschwörungstheorien:

1) *Moderne Märchen/Mythen/Legenden:* Narration, die den Anspruch auf Wahrheit suggeriert, gibt es wahrscheinlich, seitdem der Mensch sprechen kann. Solche Alltagsmythen spielen damit, dass ihre Inhalte zwar vorstellbar, aber i.d.R. nicht verifizierbar sind. Ein mittlerweile berühmtes Beispiel für eine solche moderne Legende (da ein Buch danach benannt wurde; vgl. Brednich 1990) ist *Die Spinne in der Yucca-*

---

[7] Die Bewegung des Kreationismus (und andere radikalere religiöse Gruppen) gefährdet gegenwärtig diese friedliche Koexistenz, da sie genau diese klassische Trennung von Glauben und Wissen aufheben und vermischen will. Zwischen den großen Weltreligionen und der Wissenschaft besteht dieser stillschweigende Vertrag aber weiterhin.

1. Einführung in den Wissenschaftsbegriff

Palme.[8] Hier wird ein gefährliches Spinnentier (je nach Version: Tarantel, schwarze Witwe, Skorpion), das es in Deutschland nativ nicht gibt, mittels einer üblichen Handelsware (Palme, Bananenstaude) versehentlich importiert. Der Käufer nimmt das giftige Tier unbedarft mit der Ware nach Hause und muss – je nach Version – evakuiert werden oder sterben. Diese Legende ist archetypisch für ihre Gattung: a) Dass diese Geschichte passiert sein könnte, ist vorstellbar, aber nicht so leicht verifizierbar/falsifizierbar (zumindest nicht in der Alltagskommunikationssituation, in der sie erzählt wird). b) Eine Urangst oder eine verbreitete Phobie ist Gegenstand der Legende (= besser merkbar durch emotionale Tangierung). c) Eine bisherige Alltagsüberzeugung (hier: „gefährliche Spinnen gibt es bei uns nicht") wird durch eine Pointe erschüttert (= hohe Motivation zur Weiterverbreitung durch den [scheinbar überlebenswichtigen] Neuigkeitswert). d) Die Legende wird mündlich tradiert, mittlerweile noch stärker im Internet (weitere Verbreitung = Glaube an Wahrheitsgehalt steigt). Fazit: Die Punkte b) bis d) sorgen dafür, dass die Legende einerseits gut abgespeichert und andererseits weiterverbreitet wird. Aufgrund von Punkt c) kann die Weiterverbreitung aber nur erfolgreich sein, wenn die Legende als wahre Geschichte erzählt wird, da sonst die Brisanz zur Weiterverbreitung fehlt. Der Sprecher muss daher die Legende als Wahrheit erzählen. Wenn der Hörer skeptisch ist, wird der Sprecher (nicht generell, aber vermutlich in vielen Fällen) umso mehr den Wahrheitsgehalt verteidigen, da er sonst wie ein Lügner erscheinen oder naiv wirken kann. Ein Vertrauen auf die Ehrlichkeit, die der Hörer dem Erzähler zuspricht, erhöht die Chance, dass der Hörer die Legende eher als Wahrheit abspeichert und letztlich selbst repliziert. Auf diese Weise ist das Überleben der Legende als Wahrheit garantiert, obwohl ihr Wahrheitsgehalt i.d.R. nicht überprüft werden kann. Einige Legenden lassen sich mit gründlicher Recherche eindeutig falsifizieren, andere verifizieren, viele aber gar nicht. Die Mechanismen zur Abspeicherung und Weiterverbreitung solcher Legenden zeigen auf, dass Menschen Informationen als Wahrheit tradieren, ohne den Wahrheitsgehalt selbst überprüft zu haben (da er größtenteils nicht überprüfbar ist). Genau dies ist in der Wissenschaft nicht zulässig. Die Tatsache, dass ein großer (wenn auch nicht in Zahlen messbarer) Anteil unseres Wissens tradierte Informationen und nicht wissenschaftlich geprüftes Wissen ist, macht wissenschaftliches Arbeiten umso notwendiger.

2) *Alltagsweisheiten / unreflektierte Handlungsmuster / nicht-verifizierbares Alltagswissen:* Neben den Legenden, die einen narrativen Gehalt aufweisen, gibt es nicht-verifizierbare Aussagen und daraus resultierende Handlungsmuster, die ebenfalls mündlich oder über das Internet repliziert oder durch Imitation weitergegeben werden. Dazu gehören z. B. Handlungen wie das Reiben einer Münze an einem Automaten, damit die Münze von diesem besser angenommen wird, oder das Klopfen/Tippen auf eine Getränkedose, um ein Herausspritzen der Flüssigkeit beim Öffnen zu verhindern. Es ist prinzipiell vorstellbar, dass die Handlung das gewünschte Ergebnis erzielt, ob es aber tatsächlich eine wissenschaftlich verifizierbare Kausalitätsrelation zwischen Handlung und Ergebnis gibt, bleibt fragwürdig. Ebenso gibt es viele Alltagsweisheiten, denen durch ihre starke Verbreitung Wahrheitsgehalt zugesprochen wird: In manchen Fällen mag dieser zutreffen, in anderen nicht. Die jeweilige Person, die solches Alltagswissen repliziert, hat in aller Regel aber nicht wissenschaftlich geprüft, ob die Aussage so stimmt. Beispiele für solche Aussagen: Menschen nutzten nur 10 % ihres Gehirns, Fleisch löste sich in Cola auf, Entenschnattern bliebe ohne Echo u.v.a.

---

[8] Ich wähle diese Legende als Beispiel, da sie in vielerlei Hinsicht archetypisch ist und daher erstklassig zur Beschreibung des Phänomens geeignet erscheint. Die Bezeichnung ‚Legende' bedeutet nicht zwangsläufig, dass die Geschichten gänzlich fiktional sind: Zumindest im Fernsehen und in der Boulevardpresse tauchen gelegentlich Berichte auf, in denen subtropische Spinnen in Bananenkisten importiert werden. Hier geht es allerdings nicht um den tatsächlichen Wahrheitsgehalt dieser speziellen Legende, sondern um die unkritischen, automatisierten Verbreitungsmechanismen bei dieser Art von Legenden.

A – Theoretische Vorüberlegungen und Hintergrundwissen

3) *Verschwörungstheorien:* Verschwörungstheorien sind eine Sonderform von Legenden: Die oben genannten Klassifizierungsmerkmale für Legenden treffen allesamt ebenfalls zu. Der wesentliche Unterschied ist, dass Legenden als wahre Begebenheit erzählt werden, während Verschwörungstheorien als hypothetische Annahmen dargestellt werden. Ein zweiter Unterschied ist die thematische Gestaltung: Legenden beschäftigen sich eher mit kleinen bedrohlichen (seltener auch belustigenden) Alltagsgeschichten, die jedermann betreffen können. Verschwörungstheorien konzentrieren sich hingegen eher auf globale Ereignisse wie die erste Mondlandung, das Attentat auf John F. Kennedy oder die Ereignisse des 11. Septembers 2001. Der Entstehungsprozess einer Verschwörungstheorie hat durchaus wissenschaftliche Anteile: Eine allgemein geglaubte historische ‚Wahrheit' oder Medienberichterstattung wird kritisch hinterfragt, eine Alternativtheorie wird entworfen, Beweise werden gesammelt. Da die angenommene Verschwörung aber von einer mächtigen, überlegenen und geheimen Elite durchgeführt wird, können keine wissenschaftlichen Beweise, sondern nur Indizien gefunden werden. Daher verlässt die Verschwörungstheorie nie das hypothetische Stadium und kann nicht verifiziert oder falsifiziert werden. Somit bleibt sie im Bereich des Glaubens, nicht des gesicherten Wissens.

Beispiele wie diese eignen sich hervorragend für den Schulunterricht: Schüler kennen größtenteils solche Legenden, Alltagsweisheiten oder Verschwörungstheorien aus Alltagsgesprächen, Fernsehen oder Internet und finden sie erfahrungsgemäß interessant. Hier besteht also die Möglichkeit, vorhandenes Alltagswissen zu reaktivieren, daran kritisches Hinterfragen einzutrainieren und in Abgrenzung solcher Mythen die Kriterien und Methoden wissenschaftlichen Arbeitens herauszuarbeiten. Es bietet sich z. B. an, die Schüler reflektieren zu lassen, wie wissenschaftliche Forschung aussehen müsste, die den Wahrheitsgehalt solcher Legenden zu begründen sucht. Ideen hierzu liefern die praktischen Anregungen zu diesem Kapitel (Teil B, Anregung 1-02).

1.2.5 Medien versus Wissenschaft

In einigen Lehrveranstaltungen habe ich es erlebt, dass ich mit Schülern und Studierenden die Legenden des vorherigen Kapitels besprochen habe und dann mit folgender Aussage konfrontiert wurde: „Das stimmt aber: Das habe ich im Fernsehen gesehen." Aussagen wie diese bestätigen umso mehr, dass die Reflektionen dieses Kapitels dringend in die Klassenzimmer gehören! Allem Anschein nach gehen zumindest einige Menschen davon aus, dass Informations- und Unterhaltungsmedien den Anspruch haben, Wahrheit aufzuzeigen. Es gibt sicherlich sehr gute Journalisten, die nach diesem Anspruch streben – systemisch betrachtet sind Fernsehsender und Zeitungsverlage aber Wirtschaftsunternehmen, die nicht zwangsläufig nach wissenschaftlichen, philosophischen oder ethischen Prinzipien handeln müssen (aber können), sondern nach marktwirtschaftlichen Kriterien funktionieren. Freiheitliche Demokratie garantiert Meinungsfreiheit als auch freie Marktwirtschaft, insofern ist es nicht verwunderlich, dass sich in der Medienlandschaft ein breites Spektrum verschiedener Medien etabliert hat: Der Anspruch an Wahrheit kann also zwischen Wissenschaftsjournalismus und Boulevardpresse stark variieren.

1. Einführung in den Wissenschaftsbegriff

In diesem breiten Spektrum finden sich Beispiele, dass Medien zuweilen offenbar (denn nachweisbar ist es nicht) im Sinne einer bewussten Einflussnahme manipulieren:

1) Am 29.01.2001 veröffentlichte die BILD®-Zeitung einen Artikel mit dem Titel „Was machte Minister Trittin auf dieser Gewalt-Demo?" (ebd., S. 2).

Dem Artikel ist ein Foto von 1994 beigefügt, auf dem Jürgen Trittin im Vordergrund von „vermummte[n] ‚Autonomen'" (ebd.) zu sehen ist. Zwei der Menschen im Hintergrund halten etwas in der Hand, das die BILD® als „Bolzenschneider" und „Schlagstock" identifizierte. Dadurch wurde der Eindruck einer „Gewalt-Demo" verschärft. BILD hat hierbei allerdings nur einen Ausschnitt des Fotos gezeigt: Auf dem Originalbild ist zu erkennen, dass Trittin nicht mit den Demonstranten, sondern jenseits einer Absperrung entlanggeht. Der vermeintliche „Bolzenschneider" ist der Dachgepäckträger eines Automobils und der „Schlagstock" in Wirklichkeit ein Absperrungsseil (beide Bilder und der Artikel finden sich in: Müller 2003: 102 f.).[9]

Nachträglich entschuldigte sich die Zeitung für diesen „Fehler" (Hamburger Morgenpost, 31.01.2001, S.4), lehnte den Vorwurf „bewusster Manipulation" (ebd.) jedoch ab. Dieses Beispiel zeigt, dass ==bewusste Manipulation== nicht leicht nachweisbar ist. Auffallend ist jedoch, dass ähnliche Berichte zu Mitgliedern der damaligen Bundesregierung zu dieser Zeit häufig in der BILD® auftauchten. Es bleibt ein Meinungsurteil, ob hier bewusst „Kampagnen" (wie Bundeskanzler Gerhard Schröder es bezeichnete) geschaltet wurden oder es „Fehler" bei der Recherche waren. In jedem Fall zeigen solche Beispiele Schülern auf, dass Zeitungsberichte entweder manipulativ sein oder aber auf groben Recherchefehlern basieren können.

2) Das Einkaufen oder Produzieren von Dokumentationen, Serien oder Filmen ist für Fernsehsender weitaus teurer als die Produktion solcher Formate, in denen sich Privatpersonen gegen eine kleine Aufwandsentschädigung in ihren Wohnungen filmen lassen. Es fallen also (im Vergleich zu gänzlich fiktiven Formaten) Mietkosten, Schauspielergage, Requisite etc. weg. Vermutlich aus solchen finanziellen Gründen haben sich in den letzten Jahren Sendeformate sogenannter ‚reality soaps' und ‚scripted reality' in der Fernsehlandschaft zunehmend etabliert.

==Ohne die Replikation von Stereotypen, ohne kleine Skandale und ohne die Zurschaustellung menschlicher Schicksale würden solche Formate, in denen einfach die Alltagsrealität von Privatpersonen gefilmt wird, kaum Abnehmer finden.== Insofern steht das Produktionsteam unter Druck, Szenen zu finden, die den Voyeurismus und Sozialchauvinismus des Publikums befriedigen können. Im Fokus stehen daher bei Sendungen wie *Die Super Nanny*® oder *Frauentausch*® die Unfähigkeit der Protagonisten, ein Kind zu erziehen oder den Haushalt zu führen oder Essgewohnheiten von übergewichtigen Menschen bei Sendungen wie *Schwer verliebt*.

Für Menschen, die regelmäßig fernsehen und zugleich medienunkritisch sind, mag beim Konsum solcher Formate nicht klar sein, dass sie hier nicht die gefilmte Wirklichkeit, sondern nur eine manipulierte Version derselben dargeboten bekommen.

Der Wahrheitsgehalt solcher Formate ist aber mit Skepsis zu betrachten. Im Folgenden wird dies exemplarisch an der Sendung *Frauentausch* demonstriert: In dieser Sendung tauschen zwei reale Frauen für einen bestimmten Zeitraum ihre Familien. In der Regel werden dabei die beiden Familien als gegensätzlich dargestellt (z. B. häufig reinlich/unsauber, fleißig/faul), sodass es durch den Tausch in beiden Familien zu einem Konflikt kommt. Durch den Kommentator, aber auch durch Musikuntermalungen, Bild- und Szenenauswahl, Geräusch- und Bildeffekte wird

---

[9] Den Hinweis auf dieses Beispiel als auch die Idee, das Beispiel in didaktischen Kontexten zur Erarbeitung des Wissenschaftsbegriffs einzusetzen, verdanke ich Dr. Kerstin Kucharczik.

A – Theoretische Vorüberlegungen und Hintergrundwissen

dem Zuschauer der Eindruck vermittelt, die eine Familie sei durchweg beispielhaft, die andere Familie hingegen besonders problembelastet. Ein genauerer Blick zeigt jedoch, dass dies nicht unbedingt die Wahrheit ist:

1. Die Sendung zeigt immer nur einen kurzen Auszug aus mehreren Drehtagen. Dass dabei besonders brisantes Material ausgewählt wird, ist wahrscheinlich. Die reine Auswahl, welche Szenen gezeigt werden, ist bereits eine Manipulation der Wirklichkeit (ob intendiert oder nicht, sei hier offen gelassen). Dasselbe gilt für die Tatsache, dass die Szenen durch einen Erzähler kommentiert werden.

2. Die vermeintliche Unreinheit in der Wohnung der Familien wird deutlich überdramatisiert: Kleine Details, die im Gesamtbild kaum auffallen, werden herangezoomt. Schnelle Schnitte, dramatische Musik, Schwarz-Weiß-Filter, Zeitlupen- sowie Bildwiederholungseffekte und die Kommentare der Tauschmutter oder des Kommentators erwecken den Eindruck, es handle sich hier um ein Menschheitsverbrechen. In der Sendung vom 25.06.2009 kommentiert die Tauschmutter z. B. die Szene mit der Aussage „Um Gottes Willen!", als sie Müll im Mülleimer der Gastfamilie entdeckt. Hier werden stilistische Elemente aus Horrorfilmen, Krimis oder TV-Dokumentationen übernommen, um Banalitäten künstlich zu überhöhen.

3. Die Teilnehmer der Sendung haben i.d.R. keine Medienerfahrung, sind aber massivem Stress ausgesetzt, da sie mehrere Tage lang von einem Filmteam in ihrem Privatleben begleitet werden. Es ist vorstellbar, dass die Nervenzusammenbrüche oder Wutausbrüche der Teilnehmer auch oder primär durch diese Form der Stresssituation hervorgerufen werden. In der fertigen Sendung müssen diese emotionalen Ausbrüche also nicht in dem Zusammenhang stehen, in den sie durch Schnitt und/oder Kommentierung gesetzt werden.

4. Laut Aussagen ehemaliger Teilnehmer (vgl. *ZAPP – Das Medienmagazin* (ARD), 16.12.2009; sowie diverse Sendungen des Internetmagazins *www.fernsehkritik.tv*) agieren die Familienmitglieder auf Anweisung des sogenannten ‚Realisators' (der Begriff ‚Autor' wird im Kontext solcher Doku- und Reality-Soaps offenbar gemieden), bei Zuwiderhandlung werde mit empfindlichen Vertragsstrafen gedroht. Da hier Aussage gegen Aussage steht, ist dies letztlich für Außenstehende nicht verifizierbar. Vieles deutet aber darauf hin, dass die gezeigten Szenen z. T. durchaus gespielt sind: Manche Kamerafahrten wirken zu perfekt für eine gänzlich spontane Aufzeichnung der Realität, Dialoge wirken z. T. nicht spontan, sondern gespielt etc.

Dies sind nur vier von vielen Anhaltspunkten, dass hier nicht Wirklichkeit, sondern nur eine manipulierte Version derselben abgebildet wird. Dass ein gewisser Anteil der Bevölkerung die Darbietung solcher Sendeformate für Wirklichkeit hält, beweisen vielfach die Reaktionen im Internet auf solche Sendungen: Die als besonders peinlich empfundenen Protagonisten werden im Internet karikiert oder beschimpft. Ein *Frauentausch*®-Teilnehmer namens Andreas hat z. B. eine traurige Berühmtheit erlangt. Wegen eines Wutausbruchs in der Sendung wird er im Internet häufig als ‚Psychopath' bezeichnet. Sein Gesicht wurde in zahlreiche Bildkollagen montiert, seine Aussagen in Musikstücken gesampelt, die in sozialen Netzwerken vielfach repliziert sind. Verschiedene andere Familien, die bei solchen Sendungen mitmachten, wurden von ihrer Nachbarschaft anschließend bedroht.

Im Schulunterricht bietet sich das Thema ‚Reality-Soaps' daher nicht allein an, um den Blick für einen erkenntnistheoretischen Wissens- und Wahrheitsbegriff zu schärfen. Ferner können hier ethische Fragen wie Mechanismen des (Cyber-)Mobbings, Stereotype, Sozialchauvinismus und Verantwortung in einer freiheitlichen Demokratie thematisiert werden.[10]

---

[10] Der dritte Band dieser Reihe beschäftigt sich schwerpunktmäßig mit den Themen Medienkompetenz, Freiheit und Demokratie.

1. Einführung in den Wissenschaftsbegriff

Doch auch wenn Medien nicht bewusst manipulieren oder Recherchefehler begehen, ist Skepsis gegenüber der Wirklichkeitsabbildung durch Medien geboten. Verschiedene Faktoren können dazu führen, dass ein falscher Wirklichkeitseindruck durch Medien entstehen kann, ohne dass dies zwangsläufig intendiert ist:

1) Bei der Vielzahl an Zeitungen und TV-Sendern kann der Eindruck entstehen, dass genügend Platz vorhanden ist, um sämtliche relevante Informationen durch diese Medien zu erhalten. Dass dies nicht zwangsläufig so ist, zeigt das folgende Beispiel: Im August 2010 hat die Landesregierung in Nordrhein-Westfalen die Studienbeiträge abgeschafft. Dies war für viele Menschen ein durchaus relevantes Ereignis. Über eine halbe Million Studierende in NRW waren hiervon direkt betroffen, ggf. auch deren Angehörige. Für Hochschullehrer und Lehrbeauftragte war dies ebenfalls eine wichtige Information, da sich die Frage stellte, ob die nun wegfallenden Mittel vom Land kompensiert werden können: für viele Lehrbeauftragte eine durchaus bedeutsame finanzielle Frage, da sie aus den Studienbeiträgen finanziert wurden. Auch außerhalb NRWs wäre das Thema für Studierende, Politiker, Lehrende und vor allem Studieninteressierte relevant gewesen. Dennoch berichtete die *Tagesschau* um 20 Uhr als wohl wichtigste Nachrichtensendung des deutschen Fernsehens hierüber nicht – weder am Tag der Entscheidung, noch in den Folgetagen.

Dieses Beispiel zeigt, dass die ‚human interest stories', die im Fernsehen – auch in Nachrichtensendungen – präsentiert werden, nicht zwangsläufig mit dem realen Informationsbedürfnis der Bevölkerung korrelieren müssen. Eine Studentin aus NRW, die aus finanziellen Gründen über eine Studienunterbrechung nachdenkt, wird womöglich erfreut sein, dass die katholischen Bischöfe bei Missbrauchsfällen die Staatsanwaltschaft einschalten wollen (so das Top-Thema des betreffenden Tages), doch wäre es für sie an diesem Tag auch interessant gewesen, wie es mit ihrem eigenen Leben nun weitergeht.

Nach welchen Kriterien die Redaktion letztlich Nachrichten auswählt, bleibt ihr Geheimnis. Mit Blick auf menschliche Erkenntnisgrenzen lässt sich aber feststellen: Medien vermitteln uns keinen umfassenden Blick auf die Geschehnisse der Welt, sondern präsentieren uns lediglich einen selektiven Auszug der Wirklichkeit. Die Kriterien, nach denen diese Selektion stattfindet, müssen nicht zwangsläufig mit unseren Interessen und Informationsbedürfnissen konform gehen. Das, was von Redakteuren als ‚wichtig' eingestuft wird, muss nicht zwangsläufig ‚wichtig' sein.

Erkenntnisse wie diese sind wünschenswert, um Schülern zu verdeutlichen, dass es immer ein ‚Mehr' gibt, das uns durch unsere alltäglichen Medienerfahrungen verschlossen bleibt. Nachrichten stehen unter Selektionsdruck und die Wahrheit/Wirklichkeit ist meist weitaus komplexer als das, was unter diesem Selektionsdruck den Einzug in die Schlagzeilen erhält. Wissenschaft ist hingegen genau an dieser Komplexität der Wahrheit interessiert.

2) Ein anderes Beispiel lässt sich im Bereich der Risikowahrnehmung finden: Medien thematisieren Gefahren nicht immer in einer Relation zum tatsächlichen Risiko dieser Gefahr. Skandale wie BSE, Vogelgrippe, Schweinegrippe oder EHEC/HUS dominieren die Medien und rufen in Teilen der Bevölkerung Panik hervor. Es sei direkt herausgestellt: Jeder Tod eines Menschen ist tragisch. Wenn hier Zahlen von Todesfällen gegenübergestellt werden, so dient dies lediglich einer Demonstration von Risiko und Wahrscheinlichkeit – das Leid der Betroffenen und Angehörigen soll damit nicht banalisiert werden. Während der sogenannten EHEC-Epidemie 2011 erkrankten in Deutschland 3.303 Menschen an EHEC und HUS, davon starben 28 Menschen (vgl. Roland Koch Institut 2011: 215 ff.). Im Jahre 2008 starben in Deutschland insgesamt 363.785 Menschen an Erkrankungen des Herz-Kreislauf-Systems (vgl. Statistisches Bundesamt 2012). Die Anzahl der Todesfälle durch EHEC 2011 ist also um etwa ein Zehntausendstel geringer als die Anzahl an Todesfällen durch Kreislauf-Erkrankungen 2008.

A – Theoretische Vorüberlegungen und Hintergrundwissen

Im Vergleich zur Anzahl aller Todesfälle pro Jahr waren 2008 ca. 53,3 % aller Todesfälle durch Herz-Kreislauf-Erkrankungen bedingt, 2011 ca. 0,004 % durch EHEC/HUS.[11] Die Dominanz der jeweiligen Berichterstattung sagt nichts über die Intensität der Gefahr aus: Ansonsten würde in einem viel stärkeren Maße über die Gefahren von z. B. Rauchen und fetthaltiger Ernährung berichtet.

Dasselbe gilt für die öffentliche Wahrnehmung von Gewaltverbrechen in Relation zu der Gefahr, Opfer eines solchen zu werden. Über Morde und Sexualstraftaten wird intensiv berichtet. Hinzu kommt, dass Gewaltverbrechen ein beliebtes Thema für fiktive TV-Serien und Spielfilme sind. Gewaltverbrechen sind damit in der Medienlandschaft weitaus präsenter als sie es in der Realität sind. Ein Großteil (2008 z. B. etwa 93 %) der jährlichen Todesfälle in der Bundesrepublik sind durch Krankheiten verursacht.[12] In der Häufigkeit der Todesursachen folgen Unfälle aller Art, Suizide und erst an einer der letzten Stellen Mord und Todschlag (zusammen etwa 0,1 bis 0,15 % aller Todesfälle pro Jahr) – lediglich Tod durch Blitzschlag ist noch seltener. Es sei wiederholt: Diese morbide Statistik soll in keiner Weise das Schicksal der Opfer banalisieren, noch die Aussage vermindern, dass Mord und Todschlag Verbrechen sind. Die Gegenüberstellung soll lediglich aufzeigen, dass Medien (auch ohne dies zu intendieren) ein Bild von der Realität vermitteln können, das in keiner Relation zur Realität steht: Gewaltverbrechen mit Todesfolge sind nicht allgegenwärtig, sie sind – auch wenn jedes Gewaltverbrechen eines zu viel ist – die Ausnahme in der Bundesrepublik.

Für die Unterrichtseinheit zum Wissenschaftsbegriff lässt sich festhalten: Nicht alles, was in Medien wie Wirklichkeit aussieht, ist zwangsläufig Wirklichkeit. Für medienkritische Menschen mag dies eine banale Erkenntnis sein. Für Schüler, die z. T. Medien nur zur Unterhaltung konsumieren, ist dies eine Erkenntnis mit Neuigkeitswert – erfahrungsgemäß auch eine, der sie mit Ablehnung gegenüberstehen: Einerseits, da sie kritisches Hinterfragen von ‚Fernsehwahrheiten' noch nicht hinreichend gelernt oder trainiert haben. Andererseits, da Dingen, die uns unterhalten, belustigen oder emotional berühren, gemeinhin mehr Sympathie entgegengebracht wird als der ‚trocken' wirkenden Wissenschaft.

Umso wichtiger ist es, dass Themen zur Medienkompetenz weiterhin verstärkt in der Schule ihren Platz finden. Kritisches Hinterfragen ist nicht nur die wesentliche Metakompetenz wissenschaftlichen Arbeitens, sie ist auch Grundbedingung einer demokratischen Gesellschaft. Freiheitliche Demokratie begründet sich auf dem Vertrauen gegenüber mündigen Bürgern. Die Fähigkeit, die eigene Alltagswirklichkeit, die eigenen Weltzugänge und die Informationsmedien kritisch zu reflektieren, ist Basisvoraussetzung für diese Mündigkeit.

1.2.6 Sprache versus Eindeutigkeit

Ob Sprache als Werkzeug (*organon*) oder als primärer Weltzugang begriffen wird, bleibt eine philosophische Streitfrage. In jedem Fall kommt unserer Sprache eine immense Bedeutung bei

---

[11] Die Prozentzahlen entstammen einer eigenen Berechnung auf Basis absoluter Zahlen des Statistischen Bundesamtes.
[12] Siehe Fußnote 11.

1. Einführung in den Wissenschaftsbegriff

der Beschreibung und Erfassung von Wirklichkeit zu. Allerdings ist Sprache nicht in allen Fällen eindeutig genug, um Wirklichkeit korrekt zu beschreiben:

1) „Blätter sind grün." – Ein einfacher Satz wie dieser, der in der Alltagskommunikation von jedem deutschen Sprecher/Hörer verstanden und für wahr gehalten werden dürfte, wäre aus wissenschaftlicher Perspektive unzulässig: 1. Geht es hier um die Blätter von Bäumen oder um Papier? 2. Nicht alle Blätter von Bäumen sind grün. 3. Nicht alle Blätter von allen Bäumen sind zu jeder Jahreszeit grün. 4. ‚Grün' ist eine Sammelbezeichnung für viele Farbtöne und damit nicht eindeutig. 5. Je nach Lichtverhältnis und Distanz erscheinen uns die Blätter in anderen Farben, nachts z. B. in den Farben Schwarz oder Blau.

2) Ein Begriff wie ‚Urlaub' mag auf den ersten Blick sehr eindeutig wirken. Doch er ruft bei verschiedenen Menschen verschiedene Assoziationen hervor: 1. Je nach Kontext kann Urlaub eine längere Freizeitreise oder einfach temporäre Befreiung von Arbeitspflichten bedeuten. 2. Was für die eine Schnee und Snowboard bedeutet, bedeutet für den anderen Sonne und Strand oder Berge und Wanderschuhe. 3. Bedeutet Urlaub auszuschlafen oder möglichst früh aufzustehen, um die Zeit aktiv zu verbringen? 4. Verfolgt man das Ideal, im Urlaub mit seinen Reisebegleitern möglichst viel Zeit zu verbringen, oder ist eine Teilung der Gruppe legitim, um unterschiedliche Bedürfnisse zu erfüllen? etc.

Sofern sich Menschen bei einer gemeinsamen Urlaubsreise über Punkte wie 3 oder 4 nicht ausgiebig über ihren individuellen Urlaubsbegriff einigen, kann dies unter Umständen zu sozialen Spannungen führen.

Beispiele wie diese eignen sich, um die Relevanz einer Sprachreflexion auf schülergerechte Weise deutlich zu machen. Ein möglicher Einwand könnte lauten: „Aber irgendwie versteht man sich ja doch!" Genau dies macht jedoch den Unterschied zwischen Alltagskommunikation und wissenschaftlichem Schreibstil aus: Wissenschaft kann sich nicht erlauben, dass ‚man sich irgendwie' versteht. Wenn Wissenschaft gesichertes Wissen über die Wirklichkeit sammeln will, bedeutet dies zwangsläufig, dass sie dieses Wissen so eindeutig und komplex wie möglich und nötig beschreibt. Zumindest im Ideal bedeutet dies, dass ==wissenschaftliche Texte keinen Interpretationsspielraum lassen dürfen. Ihre Begriffe müssen eindeutig sein.==

Das kritische Hinterfragen der eigenen Sprache ist jedoch nicht nur mit Blick auf den wissenschaftlichen Schreibstil relevant, sondern per se für die Metakompetenz des kritischen Hinterfragens. Evolutionspsychologisch kann Sprache als zusätzliche Erkenntnismöglichkeit für Dinge in der Welt betrachtet werden, die wir nicht mit unseren Sinnen erfassen können. Dazu einige kurze Beispiele:

Sprache ermöglicht uns, Informationen über Orte, Zeiträume und Situationen zu gewinnen, die wir selbst nicht mit unseren Sinnen erfassen konnten, da wir nicht anwesend waren. So können Informationen über vergangene Gene-

A – Theoretische Vorüberlegungen und Hintergrundwissen

rationen, Berichte über die letzte Party oder die verpasste letzte Unterrichtsstunde überliefert werden.

Sprache erlaubt uns auch Dinge zu benennen, die wir in der Welt denken oder fühlen, die physikalisch aber nicht messbar sind. Durch Sprache können wir abstrakte Ideen wie Freiheit oder Freundschaft denken und aussprechen.

Sprache benennt letztlich auch Denkkategorien wie die in Kapitel 1.2 benannten Dichotomien gut/böse, richtig/falsch etc.

Sprache ist somit ein wesentlicher Bestandteil unseres Denkens und unseres Mensch-Seins, sie kann allerdings ihrerseits auch eine mögliche Erkenntnisgrenze sein. Wie Gerüchte oder die Legenden in Kapitel 1.2.4 aufzeigen, müssen die Informationen, die wir durch andere Menschen erlangen, nicht zwangsläufig wahr sein. Tradiertes Wissen kann nach dem Stille-Post-Prinzip sehr stark von der ursprünglichen Wahrheit abweichen. Mangelnde Skepsis gegenüber tradiertem Wissen kann also zu wissenschaftlichen Fehlurteilen führen.

Kategorisierungen, Stereotype und Automatismen helfen uns bei der Wirklichkeits*bewältigung*. Ein allzu starres Denken in Dichotomien kann unsere Wirklichkeits*erkenntnis* aber auch einschränken. Werden z. B. ‚gut' und ‚böse' als absolute Kategorien begriffen, hat dies einen doppelten Einfluss auf die Erkenntnismöglichkeiten:

1. Welche Arten von Handlungen oder welche Arten von Charaktereigenschaften letztlich als ‚gut' oder ‚böse' gelten, ist – zumindest im Einzelfall – historisch, kulturell und individuell sehr unterschiedlich bewertet worden. Zwar mag es allgemeine Anerkennung finden, dass tendenziell altruistische Taten ‚gut' sind, Kriminalität hingegen ‚böse', allerdings gibt es immer Beispiele, die diese Absolutheit relativieren und diskutabel bleiben (z. B. Eltern, die in einer Notlage Brot stehlen, um ihr Kind zu ernähren). Beide Begriffe behalten also immer einen relativen Anteil, der nur subjektiv, nicht intersubjektiv beantwortet werden kann. Ein Mensch, der diese Begriffe absolut setzt, wird daher den subjektiven Anteil seiner eigenen Urteilskraft nicht erkennen können. Dies erhöht das Risiko, dass es zu wissenschaftlichen Fehlurteilen kommt (vgl. Beispiele (4) und (5) in Kapitel 1.2.2).

2. Sofern diese Begriffe als absolute Kategorien verstanden und auf andere Menschen oder Menschengruppen projiziert werden (statt auf Handlungen oder Charaktereigenschaften), besteht die Gefahr, dass andere Menschen nur noch sehr oberflächlich betrachtet werden und in ihrem Facettenreichtum nicht mehr erkannt werden. Dies ist eine mögliche Ursache für Rassismus, Sexismus, Sozialchauvinismus sowie politischen oder religiösen Extremismus, wenn Böses grundsätzlich von der anderen Gruppe, Gutes grundsätzlich von der eigenen Gruppe angenommen wird. Wissenschaftliche Wahrheit ist jedoch i.d.R. weitaus komplexer, als es absolute Dichotomien erfassen können. Um wissenschaftlich erkennen zu können, müssen eigene Denkkategorien hinterfragt werden.

1.3 Fazit

Von all dem, was wir als Wissen in unseren Gedanken ausmachen können, lassen sich (mindestens) fünf verschiedene Kategorien finden, die wir individuell als ‚Wahrheit' bezeichnen: unsere persönlichen Überzeugungen (Meinungen), unseren Glauben, unsere persönlichen Neigungen/Abneigungen (Geschmacksurteile), das überlieferte Wissen und letztlich Episteme.

Die Frage, ob wir etwas intersubjektiv verifizieren oder falsifizieren können, ist ein wesentliches Prüfkriterium für die Gegenstände wissenschaftlichen Arbeitens: Wissenschaft kann Meinungen, Geschmäcker und Glauben zwar beschreiben und erklären, allerdings vermag sie keine Aussagen über den Wahrheitsgehalt derselben treffen.

1. Einführung in den Wissenschaftsbegriff

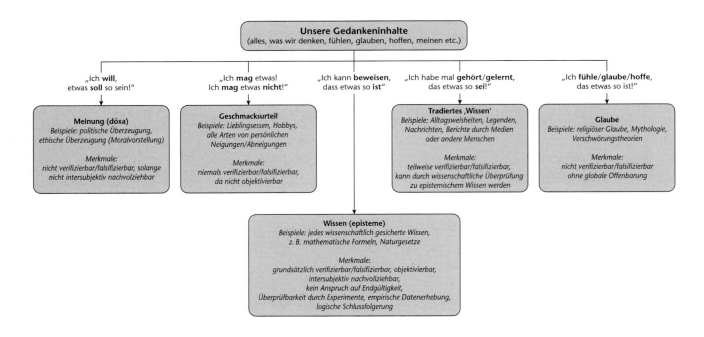

Abbildung 1: Unsere Gedankeninhalte

Bei tradiertem Wissen kann sie es teilweise, sofern genügend Quellen auffindbar sind. In jedem Fall muss der Verfasser wissenschaftlicher Arbeiten seine eigenen Gedankeninhalte konsequent prüfen, um festzustellen, dass die Inhalte seines Textes allein epistemischem Wissen entsprechen.

Zwischen unserem Gehirn bzw. unserem Verstand und der Wirklichkeit gibt es keine direkte Verbindung, sodass wir Wirklichkeit nicht 1:1 erfassen können.

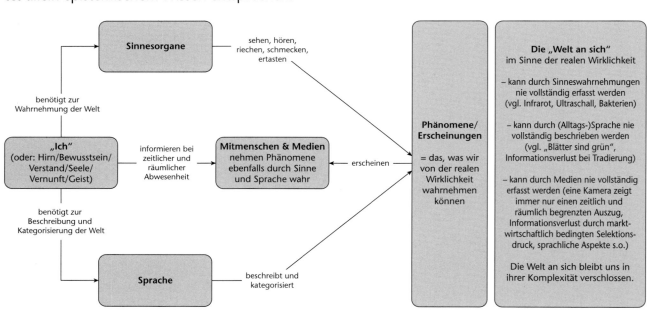

Abbildung 2: Tafelbild „Weltzugänge"

A – Theoretische Vorüberlegungen und Hintergrundwissen

Unser Gehirn benötigt Sinnesorgane, um die Wirklichkeit zu erfassen. Diese sind – wie Kapitel 1.2.1 illustriert hat – aber nicht in der Lage, die Wirklichkeit gänzlich zu erkennen. Sofern wir nicht selbst anwesend sind, benötigen wir zusätzliche Informationen, die wir durch unsere Mitmenschen oder durch Medien erlangen. Wie die Kapitel 1.2.4 und 1.2.5 aufzeigen, sind auch diese nicht zuverläs-sig, um uns Wirklichkeit bzw. Wahrheit zu vermitteln. Um Welt selbst zu beschreiben oder um Informationen mittels Mitmenschen oder Medien zu erlangen, wird zusätzlich Sprache als Organon eingesetzt. Wie Kapitel 1.2.6 darstellt, ist Sprache selbst aber auch nicht absolut zuverlässig, um Fehlinformationen gänzlich auszuschließen. Und letztlich ist auch unser Verstand selbst durch subjektive Geschmacksurteile, Glaubenssätze, ethische und politische Überzeugungen gefährdet, eine Wahrheit nicht erkennen zu können.

Zwischen uns und der Wirklichkeit stehen also an jeder Stelle im o. g. Modell mögliche Erkenntnisgrenzen, die uns den Zugang zur Wahrheit verwehren. Anstatt jedoch resignativ in der Kenntnis unserer Nicht-Erkenntnismöglichkeit zu verharren, hat die Menschheitsgeschichte Wissenschaft hervorgebracht: Wissenschaft als Antwort auf unsere Erkenntnisgrenzen, Wissenschaft als notwendige Antwort auf erkenntnistheoretische Fragen und Probleme.

Wissenschaft selbst ist auch nicht perfekt, um absolute Wahrheit zu finden. Sie bemüht sich aber, sich mit den in der jeweiligen Zeit zur Verfügung stehenden Mitteln der Wahrheit anzunähern, so gut es eben geht. Auf dem Weg zur Wahrheit ist es notwendig, stets kritisch zu hinterfragen: sich selbst und den eigenen Wahrheitsbegriff, die Sinne als Weltzugang, die Wissenschaft als System, die als gesichert geltenden Erkenntnisse, die Sprache als Medium sowie Mitmenschen und Medien als Quellen.

Erst dieses Hinterfragen sichert Ergebnisoffenheit. Erst Ergebnisoffenheit macht Fortschritt möglich.

1. Einführung in den Wissenschaftsbegriff

B – Praktische Anregungen

1-01	**Wissensbegriff**
Ziele	• Schüler erkennen den Unterschied zwischen verschiedenen Wissensarten und mit welchem Wissensbegriff die Wissenschaft operiert. • Erste Begriffe des wissenschaftlichen Arbeitens werden genannt und definiert.
Vorgehen	❶ In einem kurzen Lehrvortrag wird zum Thema hingeleitet. Beispiel: „Wenn wir uns nun anschauen wollen, wie wissenschaftliches Arbeiten/Schreiben funktioniert, müssen wir uns zunächst überlegen, was eigentlich ‚wissenschaftlich' bedeutet. Im Wort ‚Wissenschaft' stecken die Wörter ‚Wissen' und ‚schaffen'. Doch was ist eigentlich ‚Wissen'? Wie würdet ihr jemand anderem erklären, was ‚Wissen' bedeutet? […]" ❷ In einer Einzelarbeit versuchen die Schüler eine Erklärung/Definition aufzuschreiben, was ‚Wissen' bedeutet. (Alternativ kann dies auch eine vorbereitende Hausaufgabe sein.) ❸ In einer Partnerarbeit erklären sich die Schüler gegenseitig, wie sie den Begriff definieren würden. ❹ Im Lehrgespräch wird eine gemeinsame Definition versucht. Eine thematisch vorgebildete Gruppe (z. B. durch die Hausaufgabe) wird ggf. Unterschiede zwischen Wissen und Meinung oder Glauben schon andeuten, andernfalls muss dies in einem gelenkten Lehrgespräch herausgestellt werden. In einem Tafelbild werden die verschiedenen Arten des Wissens voneinander abgegrenzt, im Lehrgespräch werden die Unterschiede herausgestellt.
Medien	Tafelbild/Präsentation: vgl. Abbildung 1 in Kapitel 1.2 (siehe CD 1.01).
ungefährer Zeitaufwand	Einzelarbeit: ca. 5 min. Partner-/Gruppenaustausch: ca. 5 min. Lehrgespräch: ca. 15–25 min. Gesamtzeit: 25–35 min.

1-02	*Gruppenarbeiten zum Training des kritischen Hinterfragens*
Ziele	• Schüler erforschen eigenständig Informationen, Legenden und Meinungen und überprüfen, inwieweit diese einem wissenschaftlichen Anspruch genügen können. Dabei wird einerseits der Wissensbegriff konkretisiert, andererseits das kritische Hinterfragen eingeübt. • Schüler erkennen, dass Alltagsphänomene nicht so zwangsläufig wahr sein müssen, wie sie auf den ersten Blick erscheinen.
Vorgehen	❶ Die Schüler werden in Arbeitsgruppen eingeteilt (ideale Gruppengröße: 3–5 Schüler). Jede Gruppe erhält ein Handout mit einem eigenen Thema (siehe Folgeseiten), Arbeitsauftrag und Leitfragen zur Erarbeitung des Themas. ❷ Die Schüler reflektieren zunächst in einer Einzelarbeit die Leitfragen, dann wird in der Gruppe darüber diskutiert und eine Ergebnispräsentation vorbereitet. ❸ Die Gruppen präsentieren ihre Ergebnisse im Plenum. Je nach Bedarf kann im Lehrgespräch das Ergebnis konkretisiert werden (Tipps hierzu finden sich auf den nächsten Seiten).
Medien	Handouts für verschiedene Arbeitsgruppen: auf den Folgeseiten (siehe CD 1.02).
ungefährer Zeitaufwand	Einzelarbeit: 10 min. Partner-/Gruppenaustausch: 20 min. Ergebnispräsentation: 5 min. pro Gruppe/Lehrgespräch: 5 min. pro Gruppe Gesamtzeit: 30 min. + 10 min pro Arbeitsgruppe

B – Praktische Anregungen

Hinweis zu den Gruppenarbeiten zu 1-02 auf den folgenden Seiten: Die Arbeitsblätter für die Gruppenarbeiten finden sich auf CD. Zu den Gruppen 1–3 finden sich hier anschließend Hintergrundinformationen zu den einzelnen Themen, um ein anschließendes Lehrgespräch vorzubereiten.[13]

Anregungen zu weiteren Arbeitsgruppen zu diesem Thema: Zum Training des kritischen Hinterfragens sind sehr viele weitere Gruppenarbeiten denkbar. Hier nur zwei Anregungen:

a) Gut geeignet sind auch Beispiele, die Bildmanipulation in den Medien aufzeigen. Zahlreiche Anregungen finden sich in:
Müller, Marion (2003): Grundlagen der visuellen Kommunikation: Theorieansätze und Methoden. UTB, Stuttgart, 2003.
http://www.rhetorik.ch/Bildmanipulation/Bildmanipulation.html
Letzter Zugriff: 01.10.2012
In beiden Quellen findet sich auch das Beispiel zu Jürgen Trittin aus Kapitel 1.2.5. Beispiele wie diese sind geeignet, um aufzuzeigen, dass Erscheinungen (gerade auch in den Medien) nicht der Wirklichkeit entsprechen müssen.

b) Zur Reflexion eigener Geschmacksurteile könnten Schüler in einer Gruppendiskussion angeleitet werden wissenschaftlich zu beweisen, dass ein gewisser präferierter Musikstil oder ein bestimmter Film besser sei als ein anderer.

Gruppe 1:
Essen wir Spinnen im Schlaf?

Aufgaben

a) Einzelarbeit: Lesen Sie den Text und die Leitfragen! (5 Minuten)
b) Einzelarbeit: Notieren Sie stichpunktartig Ihre Gedanken zu den Leitfragen, um eine Gruppendiskussion vorzubereiten! (5 Minuten)

c) Gruppenarbeit: Diskutieren Sie die Leitfragen in der Gruppe und notieren Sie die Diskussionsergebnisse! Bereiten Sie sich darauf vor, dass Sie Ihre Ergebnisse den anderen kurz (max. 5 Minuten) präsentieren! (20 Minuten)

Text

> *Beiträge in einem Internetforum:*
>
> **Person A:** „Jemand hat mir erzählt, daß Spinnen nachts vom warmen Ein-u. Ausatmen angezogen würden. Und so würden wir Menschen nachts statistisch gesehen ca. 38 Spinnen in unserem Leben verspeisen. Wer weiß darüber bescheid?"
> **Person B:** „man sagt das jeder mensch so um die 10 spinnen im leben im schlaf isst"
> **Person C:** „Jeden falls sind es zu wenig, ich bin früh trotzdem hungrig. ;-) Ich glaube nicht, an solche Märchen." […]
> **Person D:** „ich hab von 600 im leben gehört..." […]
> **Person E:** „das stimmt nicht das iyt ne alte saghe es wurde bestätigt das es NICHT stiemmt"
> **Person F:** „Wenn das so sein sollte, hat es mir bisher nicht geschadet. Aber ioch halte das für ein Gerücht." […]
> **Person G:** „Hab von 7 stück gehört, ich finds bissl unwirklich weil wenn ch de spinne wär krich ich doch ni den mund von so nem riesen. (Ich weis schon darüber denken spinnen sicher nich nach) ich denk man würde auch aufwachen. Naja wissen tu ichs ni aber mitbekomm will ichs auch ni, igitt igitt"
>
> (Quelle: http://www.gutefrage.net/frage/spinnen-essen-im-schlaf-wuerde-unbewusst-geschehen-richtig - Diskussionsbeiträge vom 13.01.2009 bis 18.05.2011 – letzter Zugriff: 18.05.2011, hier wurden nicht alle Beiträge übernommen, siehe Auslassungszeichen, Rechtschreibfehler nicht korrigiert)

Leitfragen zur Gruppendiskussion

1. Konnte die o.g. Diskussion die Frage von Person A beantworten? Hat sich das *Wissen* von Person A nach dieser Diskussion vermehrt? Wenn ja: um welche Informationen? Wenn nein: warum nicht?
2. Wie stehen Sie zu der Aussage, ein Mensch würde im Leben zwischen 7 und 600 Spinnen verzehren? Diskutieren Sie in der Gruppe, ob Sie die Aussage für wahr oder falsch halten!

---
[13] Da die Unterrichtseinheiten in diesem Band primär an Oberstufenschüler (und auch an Studierende) adressiert sind, wird auf den Arbeitsblättern das „Sie" als Anrede gewählt.

1. Einführung in den Wissenschaftsbegriff

Sammeln Sie Argumente für und gegen die verschiedenen Positionen, die im o. g. Text auftauchen!

3. Überlegen Sie, wie eine wissenschaftlich anerkannte Studie aussehen müsste, in der man herausfinden kann, ob und wie viele Spinnen von Menschen im Schlaf „gegessen" werden!

Hintergrundinformationen für Lehrer zu „Gruppe 1: Essen wir Spinnen im Schlaf?"

Die Information, dass Menschen X Spinnen im Schlaf essen würden, hält sich (in der Alltagskommunikation, im Fernsehen und im Internet) hartnäckig. Doch der Wahrheitsgehalt dieser Information lässt sich durchaus kritisch hinterfragen:

1. Typische Merkmale einer Legende sind vorhanden (vgl. Kapitel 1.2.4)
a) Wie bei vielen Legenden ist es für jedermann vorstellbar, dass hier ein wahrer Kern enthalten ist: Es ist theoretisch vorstellbar, dass sich versehentlich eine Spinne im Mund eines schlafenden Menschen verirrt. Für die Einzelperson ist der Wahrheitsgehalt aber nicht verifizierbar, da der Vorgang während des Schlafens stattfinden soll. b) Wie bei vielen Legenden wird hier eine verbreitete Angst bzw. Ekel transportiert. c) Eine bisherige Alltagsüberzeugung (hier: das Sicherheitsgefühl, dass wir keine Spinnen im Schlaf essen) wird durch eine Pointe erschüttert. d) Die Legende wird mündlich oder im Internet tradiert: Die Recherche nach einer seriösen Quelle bleibt erfolglos, da keine Wissenschaft solche Phänomene untersucht und da im Internet nur Spekulationen (vgl. Textauszug auf dem Handout) zu finden sind.

Die Tatsache, dass Merkmale einer Legende hier zutreffen, bedeutet natürlich nicht zwangsläufig, dass die Information nicht wahr sei. Allerdings sollte dies bei wissenschaftlicher Betrachtung ein Alarmsignal zur kritischen Prüfung sein.

2. Wer untersucht eigentlich so etwas?
Eine tatsächlich wissenschaftlich repräsentative Studie, die die Aussage belegen wollte, wäre schwer zu realisieren und kostspielig – beides steht in keiner Relation zu dem Erkenntnisgewinn einer solchen Studie. Probanden müssten in ihrer realen Umgebung beim Schlaf beobachtet werden, bis tatsächlich einmal eine Spinne in ihren Mund krabbelt. Sofern der Versuch in Laborumgebung stattfindet, müsste zunächst untersucht werden, wie hoch das natürliche Spinnenvorkommen in Schlafzimmern ist. Sollte tatsächlich eine Spinne bei einem solchen Selbstmord beobachtet werden, bleibt die Frage, wie die Beobachtung statistisch verallgemeinert werden kann. (Wie lange müssen Menschen im Schlaf beobachtet werden, um zu einem repräsentativen Ergebnis zu kommen? Gibt es Unterschiede zwischen verschiedenen Regionen und Spinnenarten? etc.)

Letztlich bleibt es aus diesen Gründen höchst unwahrscheinlich, dass die Aussage jemals wissenschaftlich untersucht wurde. Insofern spricht vieles dafür, dass dies eine fiktive Legende ist.

Lernziele dieser Gruppenarbeit

Anhand dieser Legende können Schüler kritisches Hinterfragen von Alltagsinformationen einüben. Gleichzeitig bekommen sie – durch eigene Reflexion – einen ersten Eindruck davon, auf welche Faktoren es bei empirischen Untersuchungen ankommt und wie wichtig Repräsentativität dabei ist.

**Gruppe 2:
Reihenfolge der Buchstaben völlig egal?**

Aufgaben

a) Einzelarbeit: Lesen Sie den Text und die Leitfragen! (5 Minuten)
b) Einzelarbeit: Notieren Sie stichpunktartig Ihre Gedanken zu den Leitfragen, um eine Gruppendiskussion vorzubereiten! (5 Minuten)
c) Gruppenarbeit: Diskutieren Sie die Leitfragen in der Gruppe und notieren Sie die Diskussionsergebnisse! Bereiten Sie sich darauf vor, dass Sie Ihre Ergebnisse den anderen kurz (max. 5 Minuten) präsentieren! (20 Minuten)

B – Praktische Anregungen

Texte

Text 1: „Luat enier Sditue der Uvinistäert Cmabrigde sliept die Rheifenloge der Bstuchaben kniee Rlloe; eziinge Vrosauseztnug ist, dsas der estre und der ltztee Bstuchabe an der rigchtein Sellte shett. Acuh wnen die arneden Bstuchaben vlliög druchiendnaer sheten, knneön Sie den Txet wietrlseen. Es leigt draan, dsas das mschenlcihe Ghiern nhict jdeen Bstuchaben, sndeorn gnaze Wröter lesit."

(Quelle: Verschiedene Internetforen, z. B.: http://forum.chip.de/funtalk/knan-dseein-txet-lseen-387214.html - gepostet am 14.12.2002 – letzter Zugriff am 02.04.2011)

Text 2: „Daß der bei witeem götßre Tiel der Mncsheen (drutaner das gznae shncöe Gcsehclhet) den Scritht zur Menikügidt, außer dem daß er birhlcsweceh ist, acuh für sher giechräflh hatle: dfüar seogrn shocn jnee Vonerümdr, die die Ocfrashuibet üebr sie gsgütit auf sich gmmeeonn heban. Ndhceam sie ihr Hieavush zsuret dmum gcmaeht hbean und sifrtolägg vhtüeteren, daß dsiee rheiugn Göpsfcehe ja kneein Shrtcit aeßur dem Gelagegwänn, darin sie sie enrpeetisrn, weagn dtufern, so zgeein sie ihnen nechhar die Gaefhr, die inehn droht, wenn sie es vrecusehn alieln zu gheen. [...]."

(Quelle: http://www.heise.de/tp/artikel/15/15701/1.html – Text vom 24.09.2003 – letzter Zugriff am 02.04.2011)

Leitfragen zur Gruppendiskussion

Text 1 scheint das, was er behauptet, allein schon dadurch zu beweisen, dass man ihn problemlos lesen kann. Text 2 ist genau nach den Bedingungen von Text 1 codiert und trotzdem fällt die Lektüre den meisten Menschen erfahrungsgemäß weitaus schwerer. Diskutieren Sie bitte folgende Fragen:

1. Warum ist Text 1 leichter zu lesen als Text 2?
2. Was ist an den Aussagen von Text 1 wahr (man kann ihn ja immerhin lesen) und was ist nicht wahr?
3. Suchen Sie in Text 1 gründlich nach Hinweisen, dass dieser Text offenbar bewusst manipulativ so geschrieben ist, dass man ihn besonders leicht lesen kann!

Hintergrundinformationen für Lehrer zu „Gruppe 2: Reihenfolge der Buchstaben völlig egal?"

Text 1 des Handouts wird seit mindestens 2002 im Internet verbreitet und stößt – wie in Internetforen zu lesen und in eigenen Lehrveranstaltungen erfahren – auf große Begeisterung. Den meisten Lesern fällt es nach kurzer Eingewöhnungszeit sehr leicht, den Text zu erfassen, obwohl die Buchstaben darin vertauscht wurden. Insofern scheint die These des Textes (dass die Reihenfolge der Buchstaben in Wörtern für den Leseerfolg keine Rolle spiele, solange der erste und letzte Buchstabe an der richtigen Stelle stehe) schon allein dadurch bewiesen, dass der Leser den Text lesen kann. Die Verblüffung darüber ist vermutlich die Ursache für die weite Verbreitung des Textes (auch in verschiedenen Fassungen) – und auch dafür, dass die These im Text ohne weitere Reflexion für wahr gehalten wird.[14]

Erfahrungsgemäß kennen die meisten Oberstufenschüler diesen Text und teilen die Begeisterung dafür. Er ist also Bestandteil ihres Alltagswissens und daher gut geeignet, um den Unterschied zwischen einer Alltagswahrheit und einer wissenschaftlich begründeten Wahrheit aufzuzeigen: Denn obwohl der Text seine These auf den ersten Blick zu beweisen scheint, zeigt ein zweiter Blick, dass sie nicht so bedingungslos wahr ist wie im Text behauptet.

Dass unser Gehirn trotz Buchstabendrehern Wörter lesen kann, ist an sich eine banale Erkenntnis, da wir sonst bei jedem kleinen Druckfehler Texte nicht mehr lesen könnten. Dass die Bedingungen hierfür aber weitaus komplexer sind als der Text behauptet, beweist sich bereits bei der Lektüre des zweiten Textes, den erfahrungsgemäß

---

[14] Dies zeigt sich vor allem in den Antworten in Internetforen auf diesen Text: in sämtlichen beobachteten Foren äußern sich die meisten Nutzer (ca. 90–100 %) uneingeschränkt begeistert für dieses Phänomen. Wenn einzelne Nutzer berechtigte Kritik am Wahrheitsgehalt der These äußern, wird diese Kritik meist überlesen und nicht weiter kommentiert.

1. Einführung in den Wissenschaftsbegriff

die meisten Schüler nicht komplett entziffern können.[15] Sollte ein weiterer Beweis notwendig sein: „bieeeeecnnnttuuurssgddhd" (= bedeutungsunterscheidend).

Dass Text 1 dem Leser das Decodieren leichter macht als Text 2, zeigt sich an vielen Einzelaspekten wie Sprachstil, Satzkongruenz etc. Besonders auffällig ist jedoch, dass das Wort „Bstuchabe/n" (= Buchstabe/n) gleich viermal im Text vorkommt und alle vier Male auf die gleiche Weise chiffriert wird (hier wird nur das „st" verschoben). Es lässt sich fragen: Warum dies, wenn die Reihenfolge der Buchstaben egal sein soll? Warum wird z. B. nicht „Babutsche" im Singular und „Betabuschn" oder „Behucsbatn" (= Buchstabe/n) im Plural geschrieben? Dies ist eines von vielen Indizien, dass hier offenbar bewusst manipuliert wurde, um dem Leser das Lesen zu erleichtern und damit die vermeintlich wahre These besser zu verbreiten. (Weitere Hinweise: vgl. Link in Fußnote 15.)

Lernziele dieser Gruppenarbeit

Anhand der Analyse dieses Textes können Schüler erfahren, dass auch scheinbar wahre Phänomene nicht unbedingt wahr sein müssen und dass die Wahrheit meist komplexer ist, als es auf den ersten Blick erscheint. Nebenbei trainieren sie Möglichkeiten, um manipulierte ‚Wahrheiten' zu hinterfragen.

Gruppe 3: Ist Sprachverfall objektiv zu beobachten?

Aufgaben

a) Einzelarbeit: Lesen Sie den Text und die Leitfragen! (5 Minuten)

b) Einzelarbeit: Notieren Sie stichpunktartig Ihre Gedanken zu den Leitfragen, um eine Gruppendiskussion vorzubereiten! (5 Minuten)

c) Gruppenarbeit: Diskutieren Sie die Leitfragen in der Gruppe und notieren Sie die Diskussionsergebnisse! Bereiten Sie sich darauf vor, dass Sie Ihre Ergebnisse den anderen kurz (max. 5 Minuten) präsentieren! (20 Minuten)

Text: Deutsche fürchten Sprachverfall

> „[…] Die Deutschen fürchten um ihre Sprache. Knapp zwei Drittel der Bundesbürger meinen, die deutsche Sprache drohe „mehr und mehr zu verkommen". Ursache dafür sei unter anderem der stark zunehmende Einfluss anderer Sprachen auf den deutschen Wortschatz. Außerdem werde weniger Wert auf eine gute Ausdrucksweise gelegt, vor allem im Elternhaus, der Schule und in den Medien. Auch die Kommunikation per SMS oder E-Mail wurde als möglicher Grund für den Verfall genannt, genauso wie der Trend zu ständig neuen und unverständlichen Abkürzungen. […]"
>
> (Quelle: http://www.tagesspiegel.de/weltspiegel/deutsche-fuerchten-sprachverfall/1825076.html – Text vom 13.06.2008 – letzter Zugriff: 24.10.2010.)

Leitfragen zur Gruppendiskussion

1. Tauschen Sie sich aus, ob Sie sich zu den zwei Dritteln der Bürger zählen, die sich Sorgen wegen des „Sprachverfall[s]" machen, oder zu dem einen Drittel, das sich darum keine Sorgen macht! Finden Sie Argumente, warum die deutsche Sprache vom Verfall bedroht bzw. nicht bedroht ist!
2. Wie würde eine wissenschaftliche Studie aussehen, die feststellen will, ob oder dass die deutsche Sprache „verfällt"?
3. Was macht eine Sprache zu einer besseren oder schlechteren Sprache? Zu welchem Zeitpunkt war die deutsche Sprache aus Ihrer Perspektive auf dem besten/höchsten Niveau?
4. Ausgerechnet Sprachwissenschaftler haben zum großen Teil *keine* ‚Angst' vor „Sprachverfall"! Verschiedene Sprachwissenschaftler sagen sogar, dass die These vom Sprachverfall unwissenschaftlich sei! Warum könnte die

---

[15] Es handelt sich bei Text 2 übrigens um einen Auszug aus Immanuel Kants ‚Was ist Aufklärung?'. Der Text wurde mittels eines Programms codiert, das genau nach den Bedingungen in Text 1 Buchstaben in Wörtern vertauscht. Nähere Informationen hierzu: http://www.heise.de/tp/artikel/15/15701/1.html – Letzter Zugriff: 10.09.2012.

B – Praktische Anregungen

Annahme eines Sprachverfalls nicht wissenschaftlich bewiesen werden?

Hintergrundinformationen für Lehrer zu „Gruppe 3: Ist Sprachverfall objektiv zu beobachten?"

Diese Gruppenarbeit zielt darauf ab, Schülern den Unterschied zwischen subjektiver Meinung und objektivierbarem Wissen deutlich zu machen. Dafür eignet sich das Thema ‚Sprachverfall' besonders gut, da Sprachpurismus derzeit in den Medien omnipräsent und gemeinhin selten hinterfragt ist. Das bedeutet, dass Schülern erfahrungsgemäß hier seltener bewusst ist, dass es sich um eine Meinung handelt als bei anderen Themen (wie Musikgeschmack, politische/ethische Überzeugung etc.). Hinzu kommt, dass sich der Unterschied zwischen intersubjektiv nachvollziehbarer Beobachtung und subjektiver Bewertung hier feiner andeutet als bei anderen Themen des persönlichen Geschmacks. Der Überraschungseffekt für Schüler ist damit größer und der Lernerfolg wahrscheinlicher.

Sprachwandel ist ein wissenschaftlich unumstrittenes Phänomen und vielfach zu beobachten. Der wesentliche Unterschied zwischen wissenschaftlicher Beobachtung zum Sprachwandel und öffentlicher Diskussion zum Sprachverfall beschränkt sich hierbei auf die Begriffsebene: Das Wort ‚Sprachverfall' (im Gegensatz zu ‚Sprachwandel') ist eine eindeutige Bewertung. Wenn angenommen wird, dass Sprache verfällt, bedeutet das, dass sie a) zu einem früheren Zeitpunkt besser gewesen und b) vor dem Aussterben bedroht sei. Welche Sprachstufe nun letztlich die beste gewesen sei, bleibt ein Urteil, das jeder Sprecher für sich selbst beantworten muss. Wissenschaftlich lässt sich so eine Bewertung aber nicht treffen. Es gibt kein objektivierbares Vergleichskriterium, das beweisen kann, dass z. B. ‚Meuchelpuffer' ein besseres Wort sei als ‚Pistole' (oder umgekehrt).[16]

Es gibt sehr gute pragmatische (und objektivierbare) Gründe dafür, die korrekte Standardsprache der jeweiligen Zeit einzuüben. Dies bringt individuell letztlich Vorteile für den eigenen Werdegang und die eigene Entwicklung. Auch ist es nachvollziehbar, dass eine Standardsprache zur allgemeinen Verständigung Vorteile bringt. Wissenschaftlich lässt sich jedoch nicht feststellen, warum einzelne Elemente der Sprache (z. B. ein Kasus oder bestimmte Lexeme) besser sein sollten als andere. Ein individueller Geschmack ist natürlich dennoch zulässig, nur eben nicht als Bewertung in wissenschaftlichen Texten: Als Privatperson sage ich auch lieber „wegen des" als „wegen dem". Wissenschaftlich begründen kann ich aber nicht, dass die eine Form besser als die andere sei.

Lernziele dieser Gruppenarbeit

Schüler lernen hier den feinen Unterschied zwischen Beschreiben und Bewerten kennen, der für wissenschaftliche Texte unerlässlich ist: Sofern kein objektivierbares Vergleichskriterium verfügbar ist, können keine Bewertungen zu Geschmacksfragen oder Meinungen getroffen werden, da diese subjektiv sind. Eine begründete Bewertung im Sinne einer logischen Argumentation ist hingegen zulässig: Die Prämissen und Argumente müssen aber ihrerseits objektivierbar sein.

Wie bei allen Gruppenarbeiten dieses Kapitels wird zudem das kritische Hinterfragen eintrainiert – in diesem Fall das selbstkritische Hinterfragen eigener Geschmacksurteile.

---

[16] Der Vorschlag, das Fremdwort ‚Pistole' durch ‚Meuchelpuffer' zu ersetzen, stammt von Philipp von Zesen (1619–1689). Zesen machte verschiedene Vorschläge zur ‚Verdeutschung' von Fremdwörtern. Verschiedene seiner Vorschläge fanden (meist als Synonyme zu den weiterhin verwendeten Fremdwörtern) Einzug in die deutsche Sprache (z. B. ‚Anschrift' zu ‚Adresse'). Andere Vorschläge (wie der ‚Meuchelpuffer') blieben erfolglos.

1. Einführung in den Wissenschaftsbegriff

1-03	*Lehrvortrag:* Erkenntnisgrenzen des Menschen
Ziele	• Schüler erkennen, dass das, was ihnen alltäglich als ‚Realität' erscheint, im erkenntnistheoretischen Sinne nicht die Realität ist (als „Welt an sich"), sondern nur Phänomene/Erscheinungen sind. • Mögliche Fehlerquellen in unterschiedlichen Weltzugängen (Sinne, Sprache, Medien, Mitmenschen) werden als solche erkannt. • Die Notwendigkeit des kritischen Reflektierens der eigenen Erkenntnisgrenzen wird herausgestellt (= Metakompetenz für wissenschaftliches Arbeiten).
Vorgehen	❶ Der Unterschied zwischen der „Welt an sich" und den „Phänomenen oder Erscheinungen" wird als Hypothese in den Raum gestellt. ❷ Die Abbildung „Weltzugänge" (vgl. Abb. 2, Kap. 1.3) wird den Schülern (ggf. in vereinfachter Form) als Tafelbild oder Handout zur Verfügung gestellt und erläutert. ❸ Zur Konkretisierung werden Beispiele genannt, warum Sinnesorgane, Sprache, Medien etc. zur wissenschaftlichen Wirklichkeitserkennung nicht immer geeignet sind. Hierzu können die zahlreichen Beispiele aus den Kapiteln 1.2.1 bis 1.2.6 als Anregung dienen. Sofern die Gruppenarbeiten aus 1-02 durchgeführt wurden, können Querverweise hierzu gezogen werden. ❹ Als Fazit wird festgehalten, dass kritisches Hinterfragen eine wesentliche Metakompetenz des wissenschaftlichen Arbeitens darstellt. Anregungen hierzu: vgl. Kapitel 1.3.
Varianten	• Diese Einheit kann als Ergebnissicherung von 1-02 verwendet werden oder (bei Zeitknappheit) als prägnanter Ersatz und direkt an 1-01 anschließen. • In Schritt 3 können – sofern zeitlich möglich – Lehrgespräche oder Gruppenarbeiten eingeschoben werden, in denen die Schüler eigenständig Beispiele für Erkenntnisgrenzen sammeln.
Medien	Tafelbild/Präsentation: vgl. Abbildung 2 in Kapitel 1.3 (siehe CD 1.03)
ungefährer Zeitaufwand	flexibel je nach Umfang der Beispiele: kurze Variante in 20 min. möglich

1-04	*Wissensalphabet* ‚Grundbegriffe der Wissenschaft'
Ziele	• Grundbegriffe sammeln, strukturieren und definieren • vorhandenes Vorwissen der Schüler sichtbar machen • Ergebnissicherung und Vorbereitung für die weiteren Themen (ab Kapitel 2)
Vorgehen	❶ Die Schüler erhalten je ein blanko Wissensalphabet. ❷ In Einzelarbeit füllen sie innerhalb von fünf Minuten das Alphabet so weit wie möglich aus. Sie sollen Schlagworte notieren, die ihnen zum Thema einfallen, wichtig erscheinen oder interessant vorkommen. ❸ In einer Partnerarbeit von weiteren fünf Minuten erhalten die Schüler die Möglichkeit, ihr Wissensalphabet gegenseitig zu vervollständigen. ❹ Im Lehrgespräch werden die Begriffe an der Tafel gesammelt und gemeinsam mit Inhalt gefüllt.
Varianten	• Schritt 3 kann bei Zeitknappheit ausgelassen werden, er sichert jedoch die eigenständige Vertiefung der Begriffe. • Um mehr Aktivität zu erzeugen, können die Schüler das Alphabet an der Tafel eigenständig ergänzen. • Ein Wissensalphabet ist grundsätzlich sowohl zum vorbereitenden Brainstorming zum Thema als auch zur Ergebnissicherung geeignet: In Kombination (ein Alphabet vor und eines nach der Einheit) kann den Schülern der Lernerfolg aufgezeigt werden.
Sonstige Hinweise	• Ein Wissensalphabet oder Wissens-ABC (vgl. Birkenbihl 2007: 121–133) stellt ein alternatives Vorgehen zum klassischen Brainstorming vor dem leeren Blatt dar. Der Vorteil dieser Methode besteht darin, dass aufgrund der bereits vorgegebenen Anfangsbuchstaben zugleich eine Maximalanzahl an zu assoziierenden Begriffen und Ideen vorgeebnet ist. Zugleich spornt die Vorgabe von 24–26

B – Praktische Anregungen

	Buchstaben an (x und y können ggf. natürlich von vornherein ausgelassen werden), mindestens die Hälfte der Buchstaben auszufüllen, damit das Wissensalphabet eher voll als leer wirkt.[17] • Es sollte darauf hingewiesen werden, dass mehr als ein Begriff pro Buchstabe zulässig ist, um gute Ideen nicht zu verlieren.
exemplarische Auftragsformulierung	„Bitte tragen Sie alle Begriffe ein, die Ihnen zum Thema ‚Wissenschaft' oder ‚wissenschaftliches Arbeiten' einfallen. Die Anfangsbuchstaben sind jeweils schon vorgegeben. Sie müssen dabei nicht der Reihenfolge nach vorgehen. Sie können überall dort, wo Ihnen etwas einfällt, einen Begriff aufschreiben. Falls der Buchstabe schon voll ist, können Sie einfach noch ein zweites Wort dahinter schreiben. Versuchen Sie, in den nächsten fünf Minuten so viele Buchstaben wie möglich auszufüllen."
Materialbedarf	Wissensalphabete in Kopie (siehe CD 1.04).
ungefährer Zeitaufwand	Einzelarbeit: ca. 5 min. Partner-/Gruppenaustausch: ca. 5 min. Lehrgespräch: ca. 15 min. Gesamtzeit: 20–25 min.

1-05	Lernportfolio ‚Wissenschaftliches Arbeiten'
Beschreibung	Sofern zeitlich eine umfassende Bearbeitung des Themas möglich ist (z. B. in Projektphasen, Workshops oder AGs in der Schule, aber auch in Tutorien, propädeutischen Übungen oder Kolloquien an der Hochschule/Universität), ist es sehr empfehlenswert, die Schüler/Studierenden ein Lernportfolio zur Unterrichtseinheit anfertigen zu lassen. Einerseits sammeln die Schüler im Lernportfolio alle Unterrichtsmaterialien, andererseits reflektieren sie eigenständig die Themen und trainieren nebenbei bereits Aspekte des wissenschaftlichen Arbeitens. Zu den verschiedenen Kapiteln dieses Buches finden sich unter den praktischen Anregungen immer auch Leitfragen für das Lernportfolio, die von den Schülern z. B. in kleinen Hausaufgaben reflektieren werden können.
Ziele	• Lernfortschritt dokumentieren • Materialien, Tafelbilder und selbst produzierte Texte werden zentral gesammelt und dienen als Nachschlagewerk für die Facharbeit/Studienarbeiten • Aspekte wissenschaftlichen Arbeitens werden eintrainiert • tiefgründige Ergebnissicherung
Leitfragen/ Aufgaben	Um den Schülern die Erarbeitung des Portfolios zu erleichtern, sind Leitfragen/Aufgaben empfehlenswert. Grundsätzlich sollten die Schüler die Leitfragen in einem ausformulierten Text beantworten, um die Fragen in einen kohärenten Sinnzusammenhang zu stellen. Als Anregung finden sich am Ende der jeweiligen Kapitel dieses Buches verschiedene Leitfragen/Aufgaben, die hierfür geeignet sind.

1-06	Leitfragen zum Thema/für das Portfolio
Ziele	• Ergebnissicherung (via Hausaufgabe, Lernportfolio, Einzel-/Gruppenarbeit) • dienlich zur Grobstrukturierung der Lehrgespräche/Lehrvorträge zum Thema
Leitfragen zum Thema	❶ Was ist mit ‚Erkenntnisgrenzen' gemeint? Welche Beispiele solcher Erkenntnisgrenzen gibt es? ❷ Was bedeutet ‚Wissen'? Wie grenzt es sich von Meinungen, Geschmacksurteilen und Glauben ab? (Denken Sie hierbei auch an Begriffe wie ‚verifizierbar', ‚falsifizierbar' und ‚objektivierbar'!) ❸ Was bedeutet ‚(selbst-)kritisches Hinterfragen' mit Blick auf das wissenschaftliche Arbeiten? Was müssen Sie an sich selbst hinterfragen, wenn Sie wissenschaftlich korrekt arbeiten wollen? Was müssen Sie an Informationen hinterfragen? Überlegen Sie sich zwei Beispiele!
Varianten	• Die Leitfragen können (einzeln oder zusammen) den Schülern als Orientierungshilfe für das Lernportfolio, für Hausaufgaben, aber auch als Arbeitsaufträge für Einzel- oder Gruppenarbeiten zur Verfügung gestellt werden. • Ebenfalls können sie als Strukturfragen in einem Lehrgespräch verwendet werden.

---

[17] Die Anregung zum Wissensalphabet verdanke ich Dennis Sawatzki. Textbausteine dieser Beschreibung stammen aus Band 1 dieser Reihe (vgl. Sawatzki 2013: 38).

2. Kriterien wissenschaftlichen Arbeitens

A – Theoretische Vorüberlegungen und Hintergrundwissen

2.1 Relevanz des Themas

Die philosophischen Reflexionen des ersten Kapitels ergeben selbst noch kein wissenschaftliches Arbeiten. Die philosophische Erkenntnistheorie reflektiert die Bedingungen, unter denen Wissenschaft erst möglich wird. Im konkreten Fall heißt das: Eine deutliche Kenntnis unserer Erkenntnisgrenzen fordert eine Reflexion darüber, wie wir – trotz dieser Erkenntnisgrenzen – nun zu wissenschaftlich gesichertem Wissen gelangen können. Es muss also klare Kriterien geben, die dafür sorgen, dass etwas als wissenschaftliche Erkenntnis (im Gegensatz zum Meinen, Bewerten, Glauben) gelten kann. Solche Kriterien zu sammeln, ist Ziel dieses Kapitels. Dieses Thema stellt eine wichtige Schnittstelle zwischen der erkenntnistheoretischen Reflexion und den ganz praktischen Konsequenzen für das wissenschaftliche Arbeiten dar: Hier werden die Erkenntnisse aus Kapitel 1 transferiert, um sie für die weiteren Arbeitstechniken praktisch anwenden zu können.

2.2 Allgemeine Gütekriterien wissenschaftlichen Arbeitens

Einige Gütekriterien wissenschaftlichen Arbeitens wurden bereits in Kapitel 1 benannt, hier werden sie noch einmal prägnant zusammengefasst:

a. Verifizierbarkeit/Falsifizierbarkeit

Die Möglichkeit, eine These zu verifizieren oder zu falsifizieren, ist die generelle Voraussetzung für jeden wissenschaftlichen Untersuchungsgegenstand. Gedankeninhalte, die weder verifizierbar noch falsifizierbar sind, können letztlich nicht Gegenstand der Wissenschaft sein – so z. B. Verschwörungstheorien (vgl. Kap. 1.2.4), die das hypothetische Stadium nicht zu verlassen imstande sind.

b. (Selbst-)Kritisches Hinterfragen

Dies ist strenggenommen kein Gütekriterium wissenschaftlichen Arbeitens, aber die wichtigste Metakompetenz, die bei jedem wissenschaftlichen Arbeitsschritt unter Beweis gestellt werden muss. Indirekt spiegelt sich dieses Qualitätsmerkmal z. B. in der Qualität der Recherche, der Objektivität, der Genauigkeit der Analyse und der Formulierungen in wissenschaftlichen Texten wider.

c. Objektivität/Objektivierbarkeit

Objektivität muss ebenfalls jeden wissenschaftlichen Arbeitsschritt begleiten. Bereits bei der Themenauswahl muss sichergestellt werden, dass das Thema auch einem tatsächlichen Forschungsinteresse entspricht und nicht einem anderweitigen persönlichen Interesse. Natürlich dürfen wissenschaftliche Themen auch persönlich interessieren (dies ist sogar höchst empfehlenswert), allerdings darf das Forschungsinteresse nicht einem *anderen* persönlichen Interesse untergeordnet sein. So darf die Forschung z. B. nicht dazu missbraucht werden, um politische oder religiöse Überzeugungen zu propagieren, und nicht dadurch verfälscht werden, dass im Falle einer finanziellen Unterstützung durch Wirtschaftsunternehmen die Produkte des Förderers besser dargestellt werden, als sie eigentlich sind. Weiterhin ist Objektivität sowohl bei der Literaturauswahl als auch bei den konkreten Formulierungen im wissenschaftlichen Text unerlässlich: Der Sprachstil ist konsequent wertfrei und deskriptiv.

A – Theoretische Vorüberlegungen und Hintergrundwissen

d. Transparenz

Der Anspruch der Transparenz sorgt dafür, dass Aussagen in wissenschaftlichen Texten nachvollziehbar und verifizierbar/falsifizierbar bleiben. Anders als z. B. zuweilen in journalistischen Texten werden nicht nur Ergebnisse präsentiert, sondern auch der Weg, der zu diesen Ergebnissen geführt hat, damit für den Leser der Wahrheitsgehalt überprüfbar bleibt. Transparenz ist z. B. sichergestellt durch korrektes Zitieren, Benennung der Methoden und Vorgehensweise, Begründung von Entscheidungen (warum was wie untersucht wurde) etc.

e. Genauigkeit

Um Objektivität und Transparenz gewährleisten zu können, ist Genauigkeit bei der Forschung und beim Formulieren notwendig. Inwieweit dies ein tatsächliches Gütekriterium oder wiederum eine Metakompetenz ist, bleibt strittig. Für die Vermittlung an Schüler, welche Ansprüche an wissenschaftliche Texte erhoben werden, ist es aber sinnvoll, dieses Qualitätsmerkmal in jedem Falle zu benennen.

f. Kriterien empirischen Arbeitens

Für empirische Untersuchungen (z. B. statistische Datenerhebung und naturwissenschaftliche Experimente) gelten zu den genannten generellen Kriterien noch einige spezielle. Dazu gehören u. a. Reliabilität (Wie zuverlässig wird etwas gemessen?), Validität (Wird das untersucht, was auch untersucht werden soll?) und Repräsentativität (Inwieweit können die Ergebnisse verallgemeinert werden?).

(1) Beispiel: Eine Befragung von Probanden zu ihrem Sprachverhalten (durch Fragebogen oder Interview) kann nur ein begrenztes Bild zu ihrem tatsächlichen Sprachverhalten liefern. Bestenfalls wird eine persönliche Einschätzung der Probanden zu ihrem Sprachverhalten erfragt. Das Kriterium der Validität ist hier nicht erfüllt, da etwas anderes untersucht wird als untersucht werden soll – sofern der Anspruch besteht, tatsächliches Sprachverhalten zu beobachten. Eine Beobachtung realer Gespräche ist daher mit Blick auf die Validität besser geeignet. Sofern die Probanden aber wissen, dass sie beobachtet werden, werden sie sich weniger natürlich in ihrem Sprachverhalten zeigen (= Beobachterparadoxon). In dem Fall wäre die Reliabilität gefährdet.

2.3 Qualitätsmerkmale wissenschaftlicher Arbeiten

Nach all den philosophischen Vorüberlegungen und der Benennung der theoretischen Gütekriterien wird für die Schüler nun die Frage interessant, wie sie all dies nun in ihrer Facharbeit umsetzen können. Gewiss ist hier einige Beruhigung angebracht: Niemand erwartet von den Schülern, dass sie Facharbeiten auf dem Niveau einer Dissertation verfassen. Dennoch sollen sie ein Gespür dafür entwickeln, worauf es beim wissenschaftlichen Schreiben letztlich ankommt.

Aus den jeweiligen Gütekriterien ergeben sich konkrete Qualitätsmerkmale, die einen wissenschaftlichen Text von anderen Textsorten unterscheiden. An dieser Stelle geht es bei diesen Qualitätsmerkmalen noch nicht um schreibstilistische Aspekte (vgl. Kapitel 9), sondern um Merkmale, die auf formaler und struktureller Ebene Transparenz garantieren:

a. Formulierung des Erkenntnisinteresses[1]

Zu Beginn (der eigenen Forschung, aber auch in der Einleitung des eigenen wissenschaftlichen Textes) steht die Frage: „Was will ich warum untersuchen?"

Eine *Arbeitshypothese* oder eine *Forschungsfrage* wird formuliert, die im Laufe der wissenschaft-

---

[1] Die prägnanten Überschriften verdanke ich größtenteils Daniel Händel (in einer Tutorenschulung 2005 an der Ruhr-Universität Bochum). Die Präsentation hierzu ist online verfügbar unter: http://homepage.ruhr-uni-bochum.de/daniel.haendel/warb/folien.pdf – Letzter Zugriff: 01.10.2012.

2. Kriterien wissenschaftlichen Arbeitens

lichen Arbeit verifiziert oder falsifiziert (oder seltener auch modifiziert) wird. Für Schüler ist es erfahrungsgemäß eine wichtige neue Information, dass Verifizieren nicht besser oder schlechter als Falsifizieren ist. Das Denken in Dichotomien erlaubt den (vorschnellen) Schluss, dass wahr = gut und unwahr = schlecht sei. Mit Blick auf den wissenschaftlichen Fortschritt kann aber die Falsifikation von Hypothesen ebenfalls ein kostbarer Beitrag sein. Dazu ein einfaches schülergerechtes Beispiel:

(2) Eine Forscherin sucht nach einem Heilmittel gegen Krebs. Dabei bleibt sie jahrelang erfolglos. Ihr Beitrag für die Krebsforschung ist dennoch von großer Bedeutung: Sie hat nachweisen können, dass verschiedene Medikamente keinen Einfluss auf die Heilung von Krebs haben. Damit wissen nun alle zukünftigen Forscher, welche Medikamente nicht in Frage kommen, und können sich besser auf diejenigen Wirkstoffe konzentrieren, die bislang nicht erforscht wurden. Wenn eines Tages ein Heilmittel gefunden wird, haben alle Krebsforscher daran ihren Anteil – egal, ob sie nun Thesen verifiziert oder falsifiziert haben: Jede einzelne Verifikation oder Falsifikation ist Bestandteil eines großen Gesamtfortschritts.

Das Formulieren des Erkenntnisinteresses zu Beginn einer wissenschaftlichen Arbeit hat einen mehrfachen Nutzen: (a) Es erhöht die Transparenz und Nachvollziehbarkeit des Textes für den Leser. (b) Es sorgt dafür, dass die Forschung zielgerichtet ist. Das Erkenntnisinteresse kann zusätzlich Neugierde wecken und den Leser in eine fragende Haltung befördern (c) sowie ihn auf eine Leitfrage fokussieren, welche eher forschungsirrelevante Nebensächlichkeiten auszublenden erlaubt (d).

b. Erhebung eines Forschungsstandes

Mit dem Forschungsstand sind eine gründliche Literaturrecherche und ein guter Überblick über bislang veröffentlichte Forschungsergebnisse gemeint: „Was wurde bereits zu meinem Thema geforscht?"

Auch hier dient das o.g. Beispiel (2) zur Verdeutlichung: Forschung entsteht nicht im leeren Raum, sondern immer im Dialog mit anderer Forschung. Es wäre in Beispiel 2 nicht nur für die Forscher, sondern auch für alle Menschen, die an Krebs erkrankt sind, in höchstem Maße tragisch, wenn zahlreiche Forscher immer wieder dasselbe (nutzlose) Medikament erforschten, weil sie sich nicht die Mühe machten herauszufinden, auf welchem Stand sich die Krebsforschung befindet. Weitere Informationen hierzu finden sich in Kapitel 4.

c. Offenlegung von Methoden

In jedem wissenschaftlichen Text muss deutlich gemacht werden: „Anhand welcher Methode untersuche ich den Gegenstand?"

Wie Beispiel (1) in Kapitel 2.2 zeigt, kann das Forschungsergebnis auch von der Wahl der jeweiligen Methode abhängig sein. Bei empirischen Arbeiten ist es notwendig, auf die genauen Rahmenbedingungen der Studie hinzuweisen (z. B. Alter, Geschlecht, Bildungshintergrund etc. der Probanden). Doch bspw. auch bei der Interpretation von literarischen Werken macht es einen Unterschied, ob der Text rezeptionsästhetisch, diskursanalytisch oder mit Blick auf die Autorenbiografie interpretiert wird. Je deutlicher die Forschungsmethoden benannt werden, desto mehr erfüllt der Text die wissenschaftlichen Gütekriterien der Transparenz und Genauigkeit.

d. Systematisches Vorgehen

Wie oben bereits angedeutet, verläuft Forschung durch die Arbeitshypothese zielgerichtet. Eine gewisse Vorgehensweise ist daher bereits in der Forschungsfrage angelehnt. Verfasser wissenschaftlicher Texte müssen sich die Frage stellen: „Welche Gliederung ist dem Untersuchungsgegenstand angemessen?"

Zwei mögliche Gliederungsprinzipien sind die Induktion (vom Besonderen zum Allgemeinen) oder die Deduktion (vom Allgemeinen zum Besonderen). Eine induktive Vorgehensweise bie-

A – Theoretische Vorüberlegungen und Hintergrundwissen

a. **Formulierung** des Erkenntnisinteresses
= eine Hypothese oder Forschungsfrage formulieren
(„Was will ich warum untersuchen?")

b. **Erhebung** eines **Forschungsstand**es
= gründliche Literaturrecherche
(„Was wurde bereits zu meinem Thema geschrieben?")

c. **Offenlegung von Methoden**
= Transparenz und Genauigkeit bei der Interpretation von Daten
(„Anhand welcher Methode untersuche ich den Gegenstand?")

d. *Systematisches Vorgehen*
= nachvollziehbare Gliederung und Argumentationsstruktur
(„Welche Gliederung ist dem Untersuchungsgegenstand angemessen?")

e. **Begründung von Entscheidungen**
= Transparenz / Schutz vor manipulativer Präsentation von Daten
(„Warum gehe ich wie vor? Und warum nicht anders?")

f. **Nachweis von Quellen** und Daten
= Verifizierbarkeit von Aussagen
(„Anhand welcher Quellen lassen sich meine Thesen belegen?")

Abbildung 3: Übersicht zu Qualitätsmerkmalen einer wissenschaftlichen Arbeit

tet sich an, um Einzelphänomene zu beschreiben und mit ähnlichen Phänomenen zu vergleichen, um schließlich ein allgemeines Gesetz ableiten zu können. Die Deduktion kann z. B. verwendet werden, um eine bestehende Theorie zunächst vorzustellen und schließlich anhand von Einzelfällen auf ihre Tauglichkeit zu überprüfen.

Welche Gliederungsform sinnvoller ist, hängt primär vom jeweiligen Thema und Fachgebiet ab. In jedem Fall sollten Gliederung und Argumentationsstruktur nachvollziehbar sein.[2]

---

[2] Ein gelegentlich beobachteter Fehler in Fach- und Studienarbeiten ist es, dass Schüler und Studierende die Themen und Argumente in ihrer Arbeit in der Reihenfolge anordnen, in der sie die Informationen gefunden haben, sodass der Text wie ein ‚Abarbeiten' an den Quellen wirkt und keine eigenständige Struktur aufweist. Dies zumindest ist ein Beispiel dafür, dass Strukturen auch unnachvollziehbar sein können.

e. Begründung von Entscheidungen

Im Sinne größtmöglicher Transparenz muss der Verfasser eines wissenschaftlichen Textes permanent die Fragen beantworten: „Warum gehe ich so vor? Und warum nicht anders?"

Dies erhöht einerseits die Lesbarkeit des Textes, andererseits ist eine konsequente Begründung von Entscheidungen ein Schutz vor manipulativer Präsentation von Daten. Werden z. B. Quellen, die eine andere Position vertreten, in der Forschungsarbeit nicht erwähnt, muss der Verfasser begründen, warum diese ausgelassen werden. Dies ist auch ein Merkmal von Wissenschaft in einem freiheitlich-demokratischen System: In historischen totalitären Systemen fanden z. T. Forschungsergebnisse, die nicht zur Staatsideologie passten, keinen Einzug in den aktuellen Forschungsdiskurs. So fällt z. B. die Begründung von Rassismus leichter, wenn gegenläufige Forschungspositio-

2. Kriterien wissenschaftlichen Arbeitens

nen ignoriert werden. Zu den Entscheidungen, die begründet werden, gehören primär die Themeneingrenzung, die Literaturauswahl, die Vorgehensweise und die Struktur der Arbeit.

f. Nachweis von Quellen und Daten

Wenngleich hier an letzter Stelle benannt, so ist der Nachweis von Quellen nicht weniger bedeutsam. Im Gegenteil: Korrektes Zitieren ist neben dem Sammeln eigener empirischer Daten und dem logischen Argumentieren die wichtigste Möglichkeit, um Aussagen zu verifizieren.

Neben dieser Funktion erhöhen Zitate die Transparenz und Nachvollziehbarkeit für den Leser und verhindern zugleich Plagiate. Weitere Informationen hierzu finden sich in Kapitel 7.

B – Praktische Anregungen

2-01	Glossarbeitrag ‚Wissenschaftliches Arbeiten'
Ziele	• Der Kurs erarbeitet gemeinsam ein kleines Glossar/Lexikon zu Gütekriterien des wissenschaftlichen Arbeitens, das als Nachschlagewerk dienen kann. • Eintrainieren von Fachbegriffen und Fremdwörtern • Die Schüler probieren hierbei bereits wesentliche Elemente des wissenschaftlichen Arbeitens aus: Recherche/Lektüre/Stoffauswahl/Schreiben.
Vorgehen	❶ Jeweils 2–3 Schüler erhalten einen Begriff zum wissenschaftlichen Arbeiten und bearbeiten hierzu eine Hausaufgabe (Themenvorschläge und Arbeitsaufträge siehe Folgeseite). Kooperation ist hierbei erwünscht. Sofern möglich, sollten ein paar Tage zur Bearbeitung gegeben werden. ❷ In der nächsten Stunde werden die Ergebnisse der Hausaufgabe mit dem gesamten Kurs bzw. der Klasse geteilt. Hierfür kommen verschiedene Varianten in Frage, z. B. a) ein Kurzreferat oder b) eine Poster-Präsentation, die im Galeriegang von allen Schülern eingesehen werden kann. ❸ Offene inhaltliche Fragen werden im Lehrgespräch beantwortet. ❹ Probleme bei der Recherche der Begriffe werden besprochen, um die nächsten Themen der Reihe (Hilfsmittel und Literaturrecherche) zu besprechen.
Varianten	• Sofern es zeitlich möglich ist und ausreichend Lexika/Computerarbeitsplätze an der Schule zur Verfügung stehen, kann Schritt 1 natürlich auch während des Unterrichts durchgeführt werden. Dies hätte den Vorteil, dass ein Ansprechpartner für Probleme bei der Recherche zur Verfügung stünde. • Sofern digitale Kursmanagementsysteme (*Moodle* etc.) verwendet werden, können die erstellten Glossarbeiträge zu einem kleinen digitalen Lexikon zusammengefasst werden, das dem ganzen Kurs zur Verfügung gestellt wird. Eine Alternative wäre natürlich eine gedruckte/kopierte Fassung. Die Variante der Poster-Präsentation wäre mit weniger Aufwand verbunden.
Materialbedarf	Handouts mit Themenvorschlägen und Arbeitsaufträgen: auf der nächsten Seite (siehe CD 2.01).[3] ggf. Tapete oder Flipchartbögen für eine Poster-Präsentation ggf. Computerarbeitsplätze und/oder Lexika bei einer Bearbeitung im Unterricht ggf. digitale Kursmanagementsysteme zur Teilung der Eingebnisse
ungefährer Zeitaufwand	Hausaufgabe/Gruppenarbeit im Unterricht: ca. 45 min. Variante a) ggf. Kurzreferat: ca. 5 min. pro Arbeitsgruppe Variante b) ggf. Galeriegang: ca. 25 min. Lehrgespräch zur Nachbereitung: ca. 10–15 min.

---

[3] Sofern die Gütekriterien für die Anzahl der Schüler im Kurs nicht ausreichen, können auch andere Aspekte des wissenschaftlichen Arbeitens im Glossar gelistet werden. Die vorgeschlagenen Themen enthalten daher nicht nur Gütekriterien, sondern auch zentrale Begriffe wie ‚Deduktion' etc.

B – Praktische Anregungen

Beispiele für die Hausaufgabe „Glossarbeitrag ‚Wissenschaftliches Arbeiten'"

Thema 1: Transparenz

Aufgabe: Suchen Sie in mindestens zwei verschiedenen Quellen (Lexikon, Fremdwörterbuch, Internet) nach dem o.g. Begriff! Beantworten Sie in einem kurzen Text die folgenden Fragen:

1. Was bedeutet ‚Transparenz' im wissenschaftlichen Kontext?
2. Warum ist Transparenz für wissenschaftliche Texte notwendig?
3. Wie wird in wissenschaftlichen Texten für Transparenz gesorgt?

Sofern Sie die Antworten nicht vollständig in Ihren Quellen finden, überlegen Sie selbst eine Antwort!

Thema 2: Objektivität

Aufgabe: Suchen Sie in mindestens zwei verschiedenen Quellen (Lexikon, Fremdwörterbuch, Internet) nach dem o. g. Begriff! Beantworten Sie in einem kurzen Text die folgenden Fragen:

1. Was bedeutet ‚Objektivität' im wissenschaftlichen Kontext?
2. Warum ist Objektivität beim wissenschaftlichen Arbeiten notwendig?
3. Wie würden Sie selbst dafür sorgen, dass ein Text objektiv ist?

Sofern Sie die Antworten nicht vollständig in Ihren Quellen finden, überlegen Sie selbst eine Antwort!

Thema 3: Deduktion und Induktion | deduktiv und induktiv

Aufgabe: Suchen Sie in mindestens zwei verschiedenen Quellen (Lexikon, Fremdwörterbuch, Internet) nach den o. g. Begriffen! Beantworten Sie in einem kurzen Text die folgenden Fragen:

1. Was bedeuten ‚Induktion' und ‚Deduktion' im wissenschaftlichen Kontext?
2. Erläutern Sie auch den Zusammenhang der Begriffe zu ‚Theorie' und ‚Empirie'!

Sofern Sie die Antworten nicht vollständig in Ihren Quellen finden, überlegen Sie selbst eine Antwort!

> **Weitere Arbeitsaufträge als Kopiervorlage auf CD!**

2-02	*Unterschiede zwischen wissenschaftlichen und journalistischen Texten*
Ziele	• Reflexion über die Kriterien und Qualitätsmerkmale wissenschaftlichen Arbeitens • Hervorhebung des praxisrelevanten Anteils bisheriger theoretischer Inhalte • Training in der Unterscheidung von Textsorten
Vorgehen	❶ In einer Einzelarbeitsphase sammeln die Schüler anhand der Übersicht in Abb. 3 (Kapitel 2.3) stichwortartig Unterscheidungsmerkmale beider Textsorten. ❷ Anschließend diskutieren und ergänzen die Schüler in Kleingruppen (3–4 Teilnehmer) ihre Ergebnisse. ❸ Im Lehrgespräch werden die Ergebnisse der Gruppen in einer Tabelle an der Tafel gesammelt (Tafelbild S. 40).
Materialbedarf	Abb. 3: Übersicht zu Qualitätsmerkmalen einer wissenschaftlichen Arbeit (Kap. 2.3), (siehe auch CD 2.02) Tafelbild S. 40 (siehe auch CD)
ungefährer Zeitaufwand	Einzelarbeit: 5 min.	Gruppenarbeit: 10 min.	Lehrgespräch: ca. 10 min. Gesamt: 25 min.

2. Kriterien wissenschaftlichen Arbeitens

Tafelbild zu 2-02[4]:

Wissenschaftliche Texte	Journalistische Texte
• werden von einem Forschungsinteresse geleitet	• werden von einem Informations- oder Unterhaltungsinteresse geleitet
• Hintergrundinformationen müssen gründlich recherchiert werden – in der Regel ist dies erfüllt	• Hintergrundinformationen müssen gründlich recherchiert werden – de facto ist dies nicht bei allen Arten journalistischer Texten der Fall
• Fakten, Wissen und Wahrheiten werden in ihrer vollen Komplexität dargestellt	• Informationen werden zielgruppengerecht reduziert
• Methoden und Umstände, die zu einem Ergebnis führen, werden genau benannt	• Ergebnisse werden präsentiert; der Weg, der zu einem Ergebnis geführt hat, wird tendenziell eher reduziert oder gar nicht dargestellt
• die Struktur orientiert sich an der systematischen Erforschbarkeit des Themas	• die Struktur orientiert sich an Publikumsinteressen (Lesbarkeit, Spannung/Unterhaltung, Informationsbedürfnis)
• wenn Informationen/Quellen ausgelassen oder Themen eingegrenzt werden, wird dies begründet	• wenn Informationen/Quellen ausgelassen oder Themen eingegrenzt werden, wird dies nicht zwangsläufig begründet
• Zitate werden wortgetreu wiedergegeben, Veränderungen werden markiert	• Zitate werden teilweise wortgetreu, teilweise sinngemäß wiedergegeben, Veränderungen werden teilweise markiert
• Quellenangaben enthalten einen vollständigen bibliografischen Nachweis	• Quellenangaben enthalten teilweise nur eine Namensnennung (Person, Zeitung, Agentur) ohne genauen bibliografischen Nachweis
• …	• …

2-03	Aufgabe für das Portfolio
Ziele	• Ergebnissicherung (via Hausaufgabe, Lernportfolio, Einzel-/Gruppenarbeit)
Aufgabenstellung	Wissenschaftliche Texte weisen folgende Qualitätsmerkmale auf: a. Formulierung des Erkenntnisinteresses b. Erhebung eines Forschungsstandes c. Offenlegung von Methoden d. Systematisches Vorgehen e. Begründung von Entscheidungen f. Nachweis von Quellen und Daten Schreiben Sie bitte jeweils einen ausformulierten Text zu mindestens drei dieser Merkmale! Hilfestellung: ❶ Definieren Sie kurz, was das jeweilige Merkmal bedeutet! ❷ Erläutern Sie kurz, warum das jeweilige Merkmal für die Wissenschaft wichtig ist! ❸ Beschreiben Sie kurz, wie Sie in einem wissenschaftlichen Text das jeweilige Merkmal umsetzen! Orientierung zum Umfang: Pro Merkmal ca. eine halbe Seite.
Sonstige Hinweise	Die weiteren Leitfragen/Aufgaben finden sich am Ende der jeweiligen Kapitel dieses Buches.

---

[4] Schreibstilistische Elemente können in der Tabelle ebenfalls ergänzt werden.

A – Theoretische Vorüberlegungen und Hintergrundwissen

3. Themenfindung und Themeneingrenzung

A – Theoretische Vorüberlegungen und Hintergrundwissen

3.1 Relevanz des Themas

Ein Thema zu finden, das interessiert, fällt – zumindest intrinsisch motivierten – Schülern in aller Regel leicht. Doch ein Thema zu finden, das zusätzlich auch wissenschaftlichen Ansprüchen genügen soll, ist eine meist komplett neue Herausforderung.

Mindestens ebenso schwierig ist es, das Thema so einzugrenzen, dass a) die Bearbeitung zeitlich zu realisieren ist, b) das Thema nicht zu umfangreich, c) aber auch nicht zu kurz, d) nicht zu banal, e) aber auch nicht zu schwierig ausfällt. In vielen Studiengängen ist es in den ersten Semestern daher üblich, dass Lehrende bei der Themeneingrenzung (seltener auch bei der Themenauswahl) helfen. Mit Blick auf eine jüngere, d. h. eine i.d.R. weniger erfahrene, Zielgruppe ist dies im schulischen Kontext umso empfehlenswerter.

3.2 Von der Themenfindung zur Forschungshypothese

Auf dem Weg von der Themenfindung zu einer Forschungshypothese lassen sich vier Arbeitsschritte unterscheiden:

1. Überblick gewinnen

Damit Schüler ein Thema für eine Facharbeit finden können, ist es zunächst notwendig, dass sie ‚Input' zum möglichen Forschungsgebiet erhalten, damit sie vom Themenkomplex affiziert werden können[1]: Je größer das Überblickswissen, je mehr Anreize gegeben werden, je mehr Möglichkeiten aufgezeigt werden, desto leichter fällt die Findung eines Themas. Um Schülern solchen ‚Input' geben zu können, bieten sich verschiedene Möglichkeiten an, die in 3-01 vorgestellt werden.

2. Themenfindung im engeren Sinn

Sobald ein breites Überblickswissen gegeben wurde, gilt es herauszufinden, welche Aspekte eines Untersuchungsgegenstandes für die Schüler interessant genug sind, um sich näher mit diesen zu beschäftigen. Hierzu bieten sich verschiedene Methoden an: z. B. ein klassisches Brainstorming, ein Wissensalphabet (vgl. 1-04), eine Mind Map oder Concept Map (vgl. Novak 1998), vertiefende Lektüre (z. B. eines Kapitels in einem Einführungsbuch) und – nicht zuletzt – der Dialog. Insbesondere das Gespräch mit anderen ist als Methode bei der Themenfindung nicht zu unterschätzen: Im Gespräch manifestiert sich das bisherige Wissen, strukturieren sich Gedanken, entstehen Sinnzusammenhänge. Zudem kann der Gesprächspartner eigene Ideen beisteuern und durch Leitfragen (quasi als sokratische Hebammen-Technik) einen wertvollen Beitrag zur Themenfindung leisten. Partnerarbeiten und/oder Gespräche zwischen Schülern und Lehrer sind daher empfehlenswert.

3. Themeneingrenzung

Dieser Schritt sollte vom betreuenden Lehrer intensiv begleitet werden. Erfahrungsgemäß nehmen sich Schüler und Studierende meist eher zu viel als zu wenig vor, da sie den Umfang des Themas und der damit verbundenen Arbeit

---

[1] Ein ähnlicher Gedanke findet sich – wenngleich in einem ganz anderen Kontext – bei Immanuel Kant: „Diese [Anschauung] findet aber nur statt, so fern uns der Gegenstand gegeben wird; dieses aber ist wiederum [...] nur dadurch möglich, daß er das Gemüt auf gewisse Weise affiziere." (Kant 1966: 80 [=B 33/A 19])

3. Themenfindung und Themeneingrenzung

noch nicht abschätzen können. Hier ist der Dialog die beste Methode. Hilfestellungen zur Themeneingrenzung finden sich im praktischen Teil dieses Kapitels in 3-03.

4. Formulierung des Erkenntnisinteresses

Die Entwicklung einer wissenschaftlichen Hypothese ist ein höchst anspruchsvoller Prozess, der von Schülern, aber auch von Studierenden der ersten Semester nicht in dem Maße abverlangt wird, wie es bei Bachelor-, Master- oder gar Doktorarbeiten üblich ist. Die wissenschaftlichen Anforderungen hieran variieren auch zwischen eher praktisch orientierten Bachelorstudiengängen und eher theoretisch orientierten konsekutiven Bachelor-/Masterstudiengängen. Informationen zur Bildung einer tatsächlich wissenschaftlichen Hypothese werden aus diesem Grund hier ausgespart[2], da sie für den schulischen Kontext keine Rolle spielen: Schüler müssen noch keine eigenen wissenschaftlichen Erkenntnisse liefern; sie erlernen zunächst grundlegendes Handwerkszeug, um auf wissenschaftliches Arbeiten vorbereitet zu werden.

Für den schulischen Kontext ist mit dem o.g. dritten Schritt, der Themeneingrenzung, der Prozess der Themenfindung bereits größtenteils abgeschlossen. Es bleibt nur noch die Frage, welches Erkenntnisinteresse, d.h. welches Ziel, die Arbeit verfolgen soll. Welchen Ansprüchen eine Facharbeit gerecht werden soll und welche Möglichkeiten daraus resultierend in Frage kommen, kann von Bundesland zu Bundesland, aber auch von Fach zu Fach variieren. Grundsätzliche Möglichkeiten werden im Folgenden aufgezeigt:

a) Rein deskriptives Erkenntnisinteresse

Rein deskriptive Arbeiten beschreiben einen Untersuchungsgegenstand/Themenkomplex, liefern ihrerseits aber keinen wissenschaftlichen Erkenntnisgewinn – sie fassen vielmehr die bisherigen Forschungsergebnisse zusammen. Diese Form von Arbeiten kann dazu dienen, um Schülern und Studierenden vertiefende Kenntnisse an Fachwissen zu vermitteln – ihr Zweck ist eher didaktischer als wissenschaftlicher Natur. Der wissenschaftliche Anteil beschränkt sich hierbei auf das Training von Arbeitstechniken wie Zitieren, Formatierung von Studienarbeiten und Literaturrecherche. Für Schüler, die ein technisches oder praktisch orientiertes Studium anstreben, kann eine deskriptive Arbeit sinnvoll sein, um sich Fachwissen anzueignen.

b) Zielgerichtete Reflexion mit Forschungsfrage/Arbeitshypothese

Diese Form von Arbeiten kann zum Beispiel dazu dienen, um Schüler und Studierende eigenständig Texte reflektieren und interpretieren zu lassen. Im Gegensatz zu a) geht es hierbei nicht um eine reine *Wiedergabe,* sondern um die eigenständige *Auseinandersetzung* mit dem Fachwissen. Dies ist in verschiedenen theoretischen Fächern notwendig, um neben formalen Aspekten wissenschaftlichen Arbeitens auch fachspezifische Arbeitsweisen einzuüben. Hierzu gehört z. B. jede Form von Textverständnis und -interpretation (z. B. Philosophie, Literaturwissenschaft/Deutschunterricht, Geschichte).

c) Empirische Untersuchung

In manchen Fächern (z. B. Sozialwissenschaft, Pädagogik, Sprachwissenschaft/Deutschunterricht) bieten sich auch kleinere empirische Untersuchungen für die Facharbeit an. Das Erkenntnisinteresse zielt hierbei nicht auf die Untersuchung einer Hypothese ab, sondern auf Datensammlung und -analyse zu einem Einzelphänomen. Wie b) ist dies eine gute Vorbereitung für Schüler, die ein geistes- oder gesellschaftswissenschaftliches Studium anstreben.

---

[2] Für Leserinnen und Leser, die an einer Vermittlung wissenschaftlicher Arbeitstechniken im universitären Kontext interessiert sind, sei aber zumindest mit Armin Töpfer (2009: 144 ff.) ein wertvoller Lektüretipp zur Bildung wissenschaftlicher Hypothesen gegeben.

B – Praktische Anregungen

B – Praktische Anregungen

3-01	*Überblick als Vorbereitung zur Themenfindung*
Ziele	• Schüler erhalten einen Überblick über einen größeren Themenkomplex, um daraus resultierend ein Thema finden zu können. • Es wird ein konkreter Einblick in die Forschungsmöglichkeiten eines Wissenschaftsbereichs gewährt: Schüler gewinnen einen tieferen Eindruck von Wissenschaft. • Schüler erhalten Informationen über ein mögliches Studienfach und dadurch die Chance, über Studien- und Berufsperspektiven zu reflektieren.
Ideen zur Realisierung	• **Im Unterricht:** Im Lehrgespräch werden Teildisziplinen eines Studienfaches vorgestellt. Hierbei erhalten Lehrer die Chance, Themengebiete ihres eigenen Studiums im Unterricht vorzustellen, die curricular nicht berücksichtigt werden. Die Benennung und Erläuterung solcher Teildisziplinen kann bereits einen guten Überblick bieten, welche Möglichkeiten es zur Erforschung eines Gegenstandes gibt. *Beispiel:* Ein Wort wie „Sprachwissenschaft" ruft bei Fachfremden i.d.R. höchstens Assoziationen zu Grammatikregeln und Rechtschreibung hervor. Dass im Kontext dieser Wissenschaft auch z. B. Dialekte, Kommunikationsmodelle, Programmiersprachen oder ‚Chat-Sprache' (und vieles mehr) untersucht werden können, wird erst deutlich, wenn die Forschungsgebiete dieser Wissenschaftsdisziplin vorgestellt werden. Dies kann Schülern bereits erste Ideen für die eigene Facharbeit liefern. • **Im Unterricht/Als Hausaufgabe:** Inhaltsverzeichnisse, Einleitungen und einzelne Kapitel in Einführungsbüchern bieten einen Überblick über die Forschungs- und Anwendungsgebiete einzelner Fachwissenschaften bzw. Studienfächer. Die Lektüre von Einführungsbüchern kann Schülern daher bei der Themenfindung helfen. • **Exkursion zur Uni:** Sofern nicht ohnehin eine Kooperation zwischen der Schule und einer Universität besteht: Viele Universitäten/Fakultäten bieten ‚Schnupperkurse' und Projekttage für Schüler an oder gewähren Schülern an Exkursionstagen/-wochen den Besuch von Einführungsveranstaltungen. Dies bietet nicht nur Orientierungshilfe bei der Studienfachwahl, sondern hilft auch bei der Themenfindung für die Facharbeit. • **Als Hausaufgabe:** Auch eine (vorwissenschaftliche) eigene Recherche kann Schülern konkrete Ideen liefern. Internetsuche sowie Lexika sind geeignet, um Informationen über eine bestimmte Wissenschaft zu erhalten und damit Themenideen zu sammeln. Ebenso finden sich im Internet Seiten, auf denen Fach-/Studienarbeiten von anderen Schülern/Studierenden zur Verfügung gestellt werden. Dass diese Seiten generell nicht zur Literaturrecherche, meist nicht als mögliche Quellen und natürlich erst Recht nicht als Anregung zum Plagiieren zu verstehen sind, sollte den Schülern deutlich gemacht werden. Als Ideenpool für mögliche Forschungsthemen wissenschaftlicher Arbeiten sind solche Seiten aber sehr gut geeignet.

3-02	*Übung zur Findung eines Themas*
Ziele	• Sensibilisierung für die verschiedenen Möglichkeiten, einen Gegenstand zu betrachten • Hilfestellung bei der Themenfindung
Vorgehen	❶ Es wird zunächst die Frage aufgeworfen, auf welche Weise sich Wissen generell erforschen lässt. Um den Schülern dabei zu helfen, sich unter der Frage etwas vorstellen zu können, können Beispiele aus der Lebenswirklichkeit der Schüler, wie Sport, Musik, Filme, gewählt werden. Beispiel: *„Stellen Sie sich vor, Sie wollen eine Homepage erstellen, auf der Sie Ihre Leser umfangreich über ein Thema wie ‚Fußball' oder ‚Hip Hop' informieren wollen. Überlegen Sie, welche Informationen Sie auf der Homepage angeben würden?"* ❷ Anhand der Ideen der Schüler werden Kategorien an der Tafel gesammelt, nach denen das Thema untersucht werden kann. Beispiele (hier zum Fußball): *Entwicklung des Fußballs* → historische, diachrone Untersuchung *Spielregeln des Fußballs* → systemische Untersuchung *Abseits, Elfmeter* → Fachbegriff, analytische Untersuchung *Spieler, Vereine, Trainer* → Akteure, analytische Untersuchung *Unterschiede zu anderen Sportarten* → komparative Untersuchung *Einkommen von Fußballprofis* → empirische Untersuchung [...]

3. Themenfindung und Themeneingrenzung

Varianten	• Um einen methodischen Wechsel zu integrieren und den Schülern mehr Bedenkzeit zu geben, kann ein Brainstorming in Einzel- oder Partnerarbeit dem zweiten Schritt vorgeschaltet werden. • Als Hilfestellung für eine Einzel-/Partnerarbeit können folgende Methoden empfohlen werden: klassisches Brainstorming, Wissensalphabete (vgl. 1-04), Mind Maps, Concept Maps (vgl. Novak 1998), Ideenentwicklung im Dialog mit dem Partner.			
Idee für ein Tafelbild	Möglichkeiten, ein Thema zu untersuchen	**deskriptiv** (= beschreibend)	**komparativ** (= vergleichend)	**empirisch** (= aus der Erfahrung)
	synchron (= gleichzeitig)	Beschreibung und Analyse eines Zustands, einer Theorie, einer Methode	Vergleich verschiedener Zustände, Theorien, Methoden	Experiment, Studie zur Untersuchung eines Zustandes, zur Verifizierung einer Theorie, zur Funktionalität einer Methode
	diachron (= im zeitlichen Verlauf)	Beschreibung und Analyse einer Entwicklung	Vergleich verschiedener Zustände, Theorien, Methoden in ihrer historischen Entwicklung	Experiment, Studie zur Untersuchung einer Entwicklung
ungefährer Zeitaufwand	Lehrgespräch: ca. 15–20 min. ggf. Einzel-/Partnerarbeit: ca. 10–15 min. Gesamt: 15–35 min.			

3-03	**Kategorien** zur Themeneingrenzung
Hinweis	Die folgenden Kategorien sind für Beratungsgespräche zur Themeneingrenzung gedacht. Sie können natürlich ebenso den Schülern im Unterricht an die Hand gegeben werden, um eigenständig ein Thema einzugrenzen.

Kategorien zur Eingrenzung	Beispiel „Lautlehre"[3]	Beispiel „Demokratie"
systemisch	Phoneme der deutschen Sprache	Das politische System der Bundesrepublik Deutschland
analytisch	Artikulatorische Klassifizierungsmerkmale des Lautes [d]	Menschenrechte und Freiheit; eine Analyse des Grundgesetzes
zeitlich synchron	Diphthonge des Mittelhochdeutschen	Freiheitlich-demokratischer Widerstand im Dritten Reich
zeitlich diachron	Die Diphthongierung vom Mittelhochdeutschen zum Neuhochdeutschen	Die Entwicklung demokratischer Gedanken in der griechischen Antike
räumlich	Phone und ihre Artikulation in bayrischen Dialekten	Bürgerschaftswahlen in Hamburg
methodisch	Die Minimalpaaranalyse und ihre Anwendung	Einstellungsmuster zu Demokratie und Freiheit: Auswertung einer Meinungsumfrage
nach Personengruppe	Einfluss der Kehlkopfverknöcherung auf den Stimmklang von älteren Menschen	Einstellungsmuster zu Demokratie und Freiheit unter männlichen Jugendlichen: Auswertung einer Meinungsumfrage
nach Autor/ Einzelperson	Die Bedeutung Trubetzkoys für die Entwicklung der Lautlehre	Helmut Schmidt als Bundeskanzler
nach Theorie	Die Bedeutung des Strukturalismus' für die Entwicklung der Phonologie	Freiheit als gegenseitiger Garant: eine systemtheoretische Analyse
komparativ	Unterschiede zwischen Phonetik und Phonologie	Bildungspolitik in den Bundesländern: ein Vergleich

Weitere Kategorien sind denkbar (vgl. Franck 2001; Klein 2003). Je mehr der o. g. Kategorien miteinander verknüpft werden, desto enger wird das Thema eingegrenzt.

---

[3] Hier werden mögliche Titel für Fach-/Studienarbeiten gesammelt.

A – Theoretische Vorüberlegungen und Hintergrundwissen

4. Literaturrecherche

A – Theoretische Vorüberlegungen und Hintergrundwissen

4.1 Relevanz des Themas

Googeln – dieses Wort taucht seit der 23. Auflage im Rechtschreib-Duden auf. Dies ist symptomatisch dafür, dass das World Wide Web längst ein wesentlicher Bestandteil unserer Gesellschaft geworden ist. Per Eingabe in eine Suchmaschine erhalten wir innerhalb weniger Augenblicke gewünschte Informationen zum aktuellen Tagesgeschehen, zum Lieblingsautor oder zu einem beliebigen Hobby. Für Schülerinnen und Schüler, die mit dem Internet aufgewachsen sind, mag es selbstverständlich wirken, dass gewünschte Informationen derart elegant, schnell und bequem verfügbar sind. Umso verlockender scheint der Gedanke, man müsse nur „Aufklärung", „Thomas Mann" oder „Induktion" in die Suchmaschine eintippen und erhalte wissenschaftlich verwertbare Informationen zum gewünschten Thema – wer macht sich da noch Gedanken über die Schwierigkeiten von Literaturrecherche?

Doch der Schein trügt: Wenngleich einzelne Seiten im Internet mittlerweile nicht nur bei privaten, sondern auch bei wissenschaftlichen Interessen durchaus mitunter hervorragend verfasste Texte anzubieten haben, so sind Metasuchmaschinen noch immer kein geeignetes Instrumentarium, um Literatur professionell zu recherchieren. Diese Aussage mag in den Ohren mancher Schüler zwar wie eine dogmatische Ablehnung neuer Technologie wirken, doch gibt es gute Gründe, Literaturrecherche mit den Instrumentarien zu betreiben, die dafür auch geschaffen sind. Vor- und Nachteile verschiedener Rechercheinstrumente zu reflektieren, ist Ziel dieses Kapitels.

4.2 Die Notwendigkeit, einen Forschungsstand zu erheben

Die Glühlampe muss nicht in jeder Generation neu erfunden werden. Technische Innovationen durchlaufen evolutionäre Prozesse: Manche werden modifiziert, andere verworfen und durch neue Ideen ersetzt. Es wäre irrsinnig, wenn sich ein Ingenieur von der Gesellschaft abschotten würde, eine Energiesparlampe konstruierte und dann feststellen müsste, dass es Energiesparlampen ebensolchen Typs längst in jedem Geschäft zu kaufen gibt! Ganz ähnlich verhält es sich beim Verfassen wissenschaftlicher Texte:

Ehe eine Wissenschaftlerin eine wissenschaftliche Arbeit zu einem beliebigen Thema verfassen kann, sollte zunächst bekannt sein, was die Forschung bislang zu diesem Thema herausgefunden und publiziert hat. Oder anders formuliert: Es muss ein Forschungsstand erhoben werden. Ein Forschungsstand ist ein Überblick über all die bislang zu diesem Thema publizierte Literatur.

Dabei macht es im Umfang des Forschungsstandes natürlich einen Unterschied, ob dieser für eine schulische Facharbeit, eine studentische Seminararbeit oder gar eine Dissertation erhoben wird. Schüler können aus zeitlichen Gründen nicht so umfassend recherchieren wie Studierende oder Promovenden. Doch wenngleich beim quantitativen Anspruch Abstriche gemacht werden können, sollte der qualitative Anspruch derselbe sein: Die verwendete Literatur muss zum Thema passen und die zentralen Texte und Forschungspositionen müssen enthalten sein. Um dies zu erreichen, ist eine Recherche mit den dafür vorgesehenen Instrumenten unerlässlich.

4. Literaturrecherche

4.3 Arbeitsschritte bei der Literaturrecherche

Die Literaturrecherche umfasst folgende Arbeitsschritte:

1. Literatur recherchieren (im eigentlichen Sinne):

→ *Welche Literatur gibt es zu meinem Thema insgesamt?*

Hier geht es um einen Gesamtüberblick über jegliche zu dem Thema publizierte Literatur. Die einzigen Rechercheinstrumente, die hier zu wissenschaftlich korrekter Recherche verhelfen, sind *Fachbibliografien* und *Spezialbibliografien*. Weitere Informationen hierzu folgen im Unterkapitel 4.5.

2. Literatur auffinden:

→ *Wo steht das Buch in der Bibliothek? Wo gibt es das Buch im Handel?*

Die Benennung dieses Rechercheschritts mag auf den ersten Blick banal klingen, allerdings ist es von Vorteil, Schülern den Unterschied zum ersten Schritt aufzuzeigen: Erfahrungsgemäß unterläuft es selbst Studierenden höherer Semester, dass sie die Rechercheinstrumente des ersten und zweiten Schrittes verwechseln. *Bibliothekskataloge* sind z. B. dafür geschaffen, um ein konkretes Buch in der jeweiligen Bibliothek ausfindig zu machen – also für den zweiten Schritt geeignet. Für den ersten Schritt hingegen sind sie nicht geeignet, da sie nicht alle Texte zu dem gewünschten Thema aufzufinden erlauben. Weitere Informationen hierzu folgen im Unterkapitel 4.5.

3. Literatur evaluieren:

→ *Welche Literatur ist für meine Arbeit geeignet?*

Hier geht es um eine Eingrenzung, welche Texte für das eigene Thema tatsächlich geeignet sind. Sofern Kurzrezensionen (z. B. in manchen Fachbibliografien) verfügbar sind, kann eine Auswahl ggf. getroffen werden, ohne das jeweilige Buch anschauen zu müssen (in dem Fall schließt sich Schritt 3 also direkt Schritt 1 an). Andernfalls kann mittels des Inhaltsverzeichnisses, des Buchrückens und der Einleitung überprüft werden, ob das Buch tatsächlich für die eigene Forschung geeignet ist oder nicht.

4.4 Kriterien zur Bewertung einer wissenschaftlichen Literaturrecherche

Um Schülern vermitteln zu können, welche Rechercheinstrumente und -methoden für eine wissenschaftliche Literaturrecherche geeignet sind, ist es zunächst notwendig, ihnen einen Eindruck zu vermitteln, was eine Recherche zu einer *wissenschaftlichen* Recherche macht. Hierbei lassen sich viele Querverweise zu den in Kapitel 1 skizzierten Erkenntnisgrenzen ziehen:

Es besteht keine notwendige Relation zwischen der Häufigkeit einer verbreiteten Information und dem Wahrheitsgehalt oder dem wissenschaftlichen Nutzen derselben (vgl. Kapitel 1.2.1, Bsp. 1; 1.2.4, Bsp. 6; Kapitel 1.2.5, Bsp. 10). Für die Literaturrecherche bedeutet dies konkret: Die Quellen, die am weitesten verbreitet sind und damit am schnellsten gefunden werden können, müssen nicht zwangsläufig die bestmöglichen

A – Theoretische Vorüberlegungen und Hintergrundwissen

Quellen sein. Das Rechercheinstrument muss daher in der Lage sein, *alle* wissenschaftlichen Publikationen zum Thema zu finden (und nicht nur diejenigen, die z. B. am häufigsten gekauft oder rezipiert werden). Nur so ist gewährleistet, dass Schüler alle relevanten Informationen zum Thema finden.

Vollständigkeit ist also das wichtigste Kriterium bei der Bewertung, wie gut ein Rechercheinstrument zur wissenschaftlichen Recherche geeignet ist. Aus der generellen Vollständigkeit ergeben sich drei weitere Prüfkriterien, die hinterfragen, ob das Rechercheinstrument geeignet ist. Alle vier Prüfkriterien werden in folgender Übersicht erläutert:

Generelle Vollständigkeit

Inwiefern ist das Rechercheinstrument geeignet, um alle Publikationen zu einem Thema zu finden, also einen vollständigen Forschungsstand zu erheben?

Aktualität

Inwieweit ist das Rechercheinstrument geeignet, um auch neueste Publikationen zu finden?

Erfassung von Aufsätzen

Verzeichnet das Rechercheinstrument auch unselbstständige Publikationen (Aufsätze in Zeitschriften und Sammelbänden) oder nur selbstständige (Buchtitel)?

Objektivität versus zufällige oder subjektive Filterung der Suchergebnisse

Ist bei dem Instrument Objektivität bei der Auswahl der Suchergebnisse gewährleistet? Oder werden die Literaturangaben nach anderen Kriterien sortiert (z. B. Bestseller, nur eine Forschungsrichtung etc.)?

Im folgenden Unterkapitel werden diese vier Bewertungskriterien auf verschiedene Möglichkeiten zur Literaturrecherche angewandt, um zu verdeutlichen, welche Vor- und Nachteile die jeweiligen Methoden und Instrumente haben.

4.5 Evaluation verschiedener Methoden zur Literaturrecherche

Sei es aus Bequemlichkeit, sei es aus Unkenntnis oder unreflektierter Gewohnheit: Erfahrungsgemäß nutzen viele Schüler und Studierende das falsche Instrument, um Literatur für die Fach- oder Studienarbeit zu recherchieren. Im Folgenden soll aufgezeigt werden, warum welches Instrument[1] besser oder schlechter geeignet ist:

a) Metasuchmaschinen im Internet (z. B. Google®, Yahoo®, Fireball®, ixquick®, Ecosia®)

Metasuchmaschinen sind dazu geschaffen, Schlagworte auf Internetseiten zu finden. Je nach Suchbegriff kann daher eine sehr hohe Anzahl an Ergebnissen gefunden werden. Doch der Schein trügt, dass dadurch das Kriterium der Vollständigkeit erfüllt sei: Letztlich werden eben nur Internetseiten durchsucht. Es sind aber bei weitem nicht alle wissenschaftlichen Texte im Internet verzeichnet. Trotz der hohen Trefferanzahl ist eine gewöhnliche Metasuchmaschine daher zur Literaturrecherche i.d.R. nicht geeignet. Hinzu kommt, dass die Suchergebnisse nach (aus wissenschaftlicher Sicht) willkürlichen Kriterien gefiltert werden. So werden zuerst Seiten angezeigt, die besonders häufig frequentiert werden, oder Seiten, die in einer Werbekooperation mit dem Betreiber der Suchmaschine stehen. Dies müssen also nicht zwangsläufig die Seiten sein, die die nützlichsten Informationen zum Thema enthalten. Es ist theoretisch möglich, mittels Metasuchmaschine wissenschaftlich

---

[1] Für erfahrene Wissenschaftler mag es absurd erscheinen, dass einige der hier genannten Instrumente überhaupt als Recherchemethoden in Betracht gezogen werden. Die genannten Methoden stammen allesamt aus Brainstormings mit Schülern und Studienanfängern: Es handelt sich bei diesen Methoden also um den intuitiven Zugang der Zielgruppe zum Thema ‚Literaturrecherche'. Die Reflektionen dieses Kapitels zielen darauf ab, den Schülern nicht nur zu vermitteln, wie Recherche korrekt funktioniert, sondern auch, warum ihre diesbezüglichen intuitiven Ideen z. T. wissenschaftlichen Ansprüchen nicht genügen. Insofern ist eine Evaluation auch unkonventioneller Recherchemethoden aus wissenschaftlicher Sicht unerlässlich.

4. Literaturrecherche

brauchbare Literatur zu finden (z. B. dann, wenn eine Universität eine aktuelle Themenbibliografie ins Netz stellt). Praktisch gesehen bleibt es aber in vielen Fällen dem Zufall überlassen, ob die Recherche mit einer Metasuchmaschine glückt.

Vollständigkeit	zufällig: im Einzelfall möglich, generell nicht garantiert
Aktualität	zufällig: im Einzelfall möglich, generell nicht garantiert
Aufsätze erfasst?	im Einzelfall können Aufsätze verzeichnet sein, generell nicht garantiert
Objektivität	die Sortierung der Suchergebnisse erfolgt nach marktwirtschaftlichen Kriterien und/oder nach Häufigkeit der Seitennutzung

b) Suchmaschinen von Online-Buchhandlungen
(z. B. Amazon®, Mayersche®, Thalia®)

Auf den ersten Blick mag es so wirken, als könne mit den Suchmaschinen von Online-Buchhandlungen sämtliche Literatur gefunden werden. Eine Recherche für wissenschaftliche Zwecke ist hiermit jedoch aus verschiedenen Gründen nicht möglich: Einerseits sind ältere Titel häufig nicht erfasst, andererseits fehlt in der Regel jegliche unselbstständige Literatur (= Aufsätze in Zeitschriften und Sammelbänden), da sie nicht eigenständig verkauft werden kann. Zudem ist zwar eine Suche nach Autoren oder Bestandteilen des Titels möglich, jedoch keine umfassende Suche nach Schlagworten. So werden etwa bei einer Suche nach „Franz Kafka" zwar sämtliche im Handel verfügbaren Bücher angezeigt, die von Kafka geschrieben wurden oder ‚Kafka' im Titel nennen, allerdings sind dies bei weitem nicht alle Publikationen zum Thema: Nicht erfasst sind beispielsweise Aufsätze oder Beiträge in Lexika oder Literaturgeschichten, in denen ‚Kafka' nicht im Buchtitel auftaucht; ebenso literaturwissenschaftliche Einzeluntersuchungen, die z. B. Motive oder erzähltechnische Besonderheiten Kafkas mit anderen Autoren vergleichen. Schlussendlich ist das Suchergebnis nach Kundennachfrage sortiert, sodass die wissenschaftlichen Treffer i.d.R. nachrangig gegenüber Suchergebnissen zu Belletristik oder Ratgebern angezeigt wird.

Vollständigkeit	eingeschränkt: Schlagwortsuche i.d.R. nur begrenzt möglich
Aktualität	gewährleistet, allerdings i.d.R. eher neuere Werke/Ausgaben
Aufsätze erfasst?	selten: i.d.R. nicht erfasst
Objektivität	die Sortierung der Suchergebnisse erfolgt nach marktwirtschaftlichen Kriterien (Bestseller zuerst)

c) Bibliothekskataloge

Wie in Kapitel 4.3 bereits angedeutet, sind Bibliothekskataloge ein ideales Werkzeug, um den zweiten Rechercheschritt durchzuführen: Sofern bereits herausgefunden wurde, welche Texte es insgesamt zu dem Thema gibt, eignen sich Bibliothekskataloge dazu herauszufinden, ob das gewünschte Buch in der jeweiligen Bibliothek verfügbar ist. Für den ersten, eigentlichen Rechercheschritt sind Bibliothekskataloge hingegen nicht geeignet. Sie verzeichnen nicht alle Texte, die zu dem jeweiligen Thema existieren, sondern nur diejenigen, die in der jeweiligen Bibliothek verfügbar sind. Wie auch bei den Online-Buchhandlungen ist in der Regel nur eine Suche nach bibliografischen Daten der Publikation (Autor, Titel, Jahr, Verlag) möglich, nicht jedoch eine umfassende Suche nach thematischen Schlagworten, sofern diese nicht im Titel vorkommen. Eine Suche nach Aufsätzen ist in einzelnen Bibliotheken möglich, dies ist aber eher der Ausnahmefall.

A – Theoretische Vorüberlegungen und Hintergrundwissen

Vollständigkeit	eingeschränkt: nur Bücher der jeweiligen Bibliothek verzeichnet, Schlagwortsuche i.d.R. nur begrenzt möglich
Aktualität	zufällig: abhängig von der thematischen Ausrichtung der jeweiligen Bibliothek (in Universitäts- und Fakultätsbibliotheken werden z. B. neueste Publikationen zu lokalen Forschungsschwerpunkten eher vorhanden sein als Publikationen zu Themen, zu denen vor Ort kein Lehrstuhl existiert)
Aufsätze erfasst?	selten: in Einzelfällen möglich, i.d.R. unüblich
Objektivität	an sich gewährleistet, Einschränkung durch thematische Ausrichtung und Publikum der Bibliothek (in einer Stadt- und Landesbibliothek werden wissenschaftliche Publikationen seltener zu finden sein als in Universitätsbibliotheken)

d) Schneeballprinzip

Hinter dem Namen „Schneeballprinzip" verbirgt sich die Vorgehensweise, einen vorhandenen Text als Ausgangspunkt für die weitere Literaturrecherche zu verwenden. Die in dem Text zitierte und im Quellenverzeichnis aufgelistete Literatur wird herangezogen, um wiederum die darin zitierten Texte zu finden usw. Auf diese Weise vermehrt sich die Anzahl der gefundenen Literatur mit jedem neuen Buch, das zu Rate gezogen wird.

Das Schneeballprinzip hat im Vergleich zu den o.g. Internet-Rechercheinstrumenten a) und b) den Vorteil, dass die gefundene Literatur gewöhnlich überwiegend wissenschaftlichen Kontexten entspringt. Es gibt allerdings auch deutliche Nachteile. Anhand eines Flussdiagramms an der Tafel lässt sich ein zentraler Nachteil des Schneeballprinzips aufzeigen:

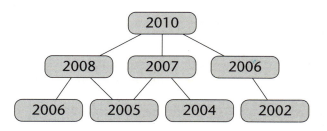

Die in dem Ausgangswerk (z. B. von 2010) verwendete Literatur kann (unter Berücksichtigung der Abstände zwischen Verfassen und Publizieren eines Buchs) frühestens von 2008 stammen. Die darin enthaltene Literatur frühestens von 2006 etc. Beim Schneeballprinzip wird daher die recherchierte Literatur fortlaufend älter, wenn nur ein aktuelles Ausgangswerk verwendet wird. Ferner ist es möglich, dass der Autor des Ausgangswerks bestimmte Forschungsmethoden bevorzugt und nur solche Werke primär zitiert, die ähnlich arbeiten. Ebenso ist es vorstellbar, dass sich die gefundene Literatur immer stärker vom eigentlichen Thema entfernt. Diese Nachteile können zumindest teilweise dadurch ausgeglichen werden, dass mehrere Texte als Ausgangspunkt der Recherche verwendet werden.

Vollständigkeit	eingeschränkt: vgl. Aktualität
Aktualität	stark beeinträchtigt: die gefundene Literatur wird immer älter, sofern nicht viele Werke als Ausgangspunkt verwendet werden
Aufsätze erfasst?	erfüllt: sowohl Aufsätze als auch selbstständig publizierte Titel können gefunden werden

4. Literaturrecherche

Objektivität	mögliche Einschränkungen: Umfang und Qualität der Bibliografie ist von der Qualität des Ausgangswerks abhängig, ggf. sind gegenläufige Forschungspositionen oder Methoden nicht/zu wenig berücksichtigt

e) (Fach-)Bibliografien

Eine Bibliografie ist ein Literaturverzeichnis, das zu einem eingegrenzten Thema einzelne, sämtliche oder gar alle Publikationen auflistet. Der Umfang einer Bibliografie kann aufgrund zweier Faktoren variieren:

1. Das Thema kann unterschiedlich eng oder breit abgesteckt sein: Es gibt einerseits sehr spezielle Bibliografien (z. B. zu einzelnen literarischen/philosophischen Werken, zu einzelnen Dichtern/Philosophen, zu literarischen/geistesgeschichtlichen Epochen, zu Fachdisziplinen oder Themenschwerpunkten) und andererseits allgemeine Bibliografien, die Forschungsliteratur zu ganzen Studienfächern erfassen (= Fachbibliografien).

2. Der Anspruch auf Vollständigkeit der jeweiligen Bibliografie kann sehr unterschiedlich ausfallen: Während in wissenschaftlichen Studienarbeiten i.d.R. nur diejenige Literatur im Literaturverzeichnis angegeben wird, die auch für die entsprechende Arbeit verwendet wurde, finden sich in Auswahlbibliografien Lektüreempfehlungen zu einem Thema, die als Klassiker oder als Standardwerke der Herausgeber empfunden werden. Wieder andere Bibliografien erfassen sämtliche publizierte Literatur zu einem Thema.

Den höchsten Grad an Komplexität erreichen in beiden Punkten die Fachbibliografien, die den Anspruch verfolgen, möglichst alle publizierten Texte zu einem breiten Themenkomplex zu erfassen. Aus diesem Grund sind Fachbibliografien ein wesentliches Hilfsmittel für die gezielte wissenschaftliche Literaturrecherche.

Viele Fachbibliografien sind mittlerweile in Form von Online-Datenbanken verfügbar. In manchen Fachrichtungen sind diese (eingeschränkt oder komplett) frei im Internet nutzbar. Sofern sie nicht kostenfrei im Netz zur Verfügung stehen, können die für das Fach gängigen digitalen Fachbibliografien (durch Abonnements der jeweiligen Hochschulen und Universitäten) von Schülern und Studierenden i.d.R. kostenfrei an den Computerarbeitsplätzen in Fakultäts- und Universitätsbibliotheken genutzt werden.

Vollständigkeit	größtmögliche Vollständigkeit zum thematischen Schwerpunkt der Bibliografie
Aktualität	sofern es sich um eine Bibliografie handelt, die periodisch erscheint oder in einer Online-Datenbank kontinuierlich ergänzt wird: größtmögliche Aktualität
Aufsätze erfasst?	i.d.R. werden Aufsätze ebenso erfasst wie Monografien, Sammelbände und Zeitschriften
Objektivität	zielgerichtete Suche möglich

4.6 Konkrete Empfehlungen für Schüler und Studierende zur Literaturrecherche

Wenngleich Fachbibliografien das wissenschaftlich korrekte Instrument zur Erhebung eines Forschungsstandes darstellen, ist es aus folgenden Gründen *nicht* empfehlenswert, dass Schüler und Studierende der ersten Semester *ausschließlich* mit Fachbibliografien recherchieren:

1. Die hohe Vollständigkeit an Suchergebnissen kann schnell zur Unübersichtlichkeit führen und dadurch demotivierend wirken.

A – Theoretische Vorüberlegungen und Hintergrundwissen

2. Manche Titel wissenschaftlicher Texte sind für Neulinge, die noch nicht über genügend Überblickswissen verfügen, gänzlich unverständlich. So wird z. B. einem erfahrenen Sprachwissenschaftler schnell deutlich, ob ein Titel wie ‚Reziproke Evokation im bilateralen Zeichenmodell' seiner eigenen Forschung dienlich ist; ein Schüler wird hingegen mehr Hilfestellung als ein Fremdwörterbuch brauchen, um herauszufinden, ob ein solcher Titel für seine Facharbeit nützlich ist. Daher werden unerfahrene Schüler und junge Studierende deutlich mehr Zeit in die Recherche investieren müssen als erfahrene Studierende und Berufswissenschaftler.

Um also gleichermaßen a) eine zeitlich überschaubare Recherchemöglichkeit zu vermitteln, b) professionelle Recherche überhaupt möglich zu machen und c) dennoch bestmöglich wissenschaftlichen Rechercheansprüchen zu genügen, ist eine Kombination verschiedener Recherchemethoden die beste Lösung für Schüler (und Studienanfänger).

Empfehlenswert ist eine Kombination aus einem ‚verbesserten' Schneeballprinzip und der Nutzung von Fachbibliografien. Unter einem ‚verbesserten' Schneeballprinzip ist zu verstehen, dass die in 4.5 genannten Nachteile gezielt ausgeglichen werden, indem mehrere geeignete Werke als Ausgangspunkt für die Recherche hinzugezogen werden. Sofern dies systematisch geschieht, können Schüler zudem mit jedem Rechercheschritt ihr Hintergrundwissen deduktiv verfeinern:

Schritt 1:
Allgemeine Einführungsbücher

In nahezu jedem wissenschaftlichen Fachgebiet gibt es allgemeine Einführungsbücher, die Untersuchungsgegenstand, Teildisziplinen, Theorien und Methoden anfängergerecht erläutern. Für Schüler und Studienanfänger sind Einführungsbücher der ideale erste Schritt, um einerseits Überblickswissen zum Thema zu erlangen und andererseits bereits Literaturhinweise zur vertiefenden Lektüre zu finden. In vielen Fällen tragen Einführungsbücher das Wort ‚Einführung' bereits im Titel, sodass sie (in Kombination mit dem gewünschten Fachgebiet) von Schülern sehr schnell per Internetsuche gefunden werden können.

Schritt 2:
Spezielle Einführungsbücher

Zu vielen Themen oder Teildisziplinen gibt es speziellere Einführungen. Während eine allgemeine Einführung z. B. über die Sprachwissenschaft insgesamt informiert, gibt eine Spezialeinführung z. B. Überblick über Teildisziplinen wie Phonologie oder Syntax, aber auch zu bedeutenden Theoretikern der Fachrichtung wie Ferdinand de Saussure oder Noam Chomsky. Weitere Beispiele aus anderen Fachgebieten: Einführungen zu Autoren oder Philosophen (Immanuel Kant, Georg Büchner), Einführungen zu Teildisziplinen (Evolutionsbiologie), Einführungen zur Methodik (Statistik, Kooperatives Lernen) etc.

Schritt 3:
Nachschlagewerke

Erfahrungsgemäß ist es vielen Schülern und Studienanfängern nicht bewusst, wie umfangreich und nützlich das Angebot an Nachschlagewerken ist. Neben den i.d.R. bekannten Formen der Enzyklopädien, Rechtschreib- und Fremdwörterbüchern gibt es für sämtliche Wissenschaftsbereiche spezielle Fachwörterbücher, Begriffs- und Sachlexika. Zu nahezu jedem Informationsbedürfnis gibt es ein eigenes Lexikon. Wissenschaftliche Lexika enthalten neben einer prägnanten Beschreibung zu Begriff, Theorie, Methode, Autor, Werk oder Epoche auch immer Literaturhinweise zur vertiefenden Lektüre. Sie bieten daher eine zusätzliche Möglichkeit, um die Rechercheergebnisse zu verfeinern. Zudem helfen sie natürlich dabei, das Thema zu vertiefen und Begriffe klarer zu definieren.

Hier ist es wichtig, den Schülern deutlich zu machen, dass eine Suche in dem richtigen Lexi-

4. Literaturrecherche

kon für sie selbst weitaus produktiver ist als die Suche in einer allgemeinen Enzyklopädie oder im Internet: a) Die Einträge wurden von Spezialisten verfasst. b) Die Einträge sind i.d.R. weitaus umfassender. c) Hier finden sich nützliche Literaturhinweise.

Schritt 4:
Textsorten zur Vertiefung des Hintergrundwissens

Neben den Einführungen und Nachschlagewerken, die einen allgemeinen systematischen und thematischen Überblick geben, gibt es in verschiedenen fachwissenschaftlichen Disziplinen Textsorten, die zur Vertiefung des Hintergrundwissens dienlich sind. Dazu gehören z. B. Texte, die einen historischen Überblick bieten, um ein Phänomen in seinem historischen Kontext zu verstehen. Beispiele hierfür sind Philosophiegeschichten oder Literaturgeschichten, die Gegenstände nicht synchron-systemisch, sondern in ihrer diachronen Entwicklung beschreiben. In anderen Disziplinen gibt es Textsorten, die einen vertiefenden systematischen Einblick erlauben; in der Sprachwissenschaft sind dies z. B. Grammatiken.

Schritt 5:
Auswahl-, Spezial- und Fachbibliografien

Im Falle einer schulischen Facharbeit kann die Recherche nach Schritt 4 theoretisch fast abgeschlossen werden, sofern die gefundene Literatur quantitativ und qualitativ dem Thema entspricht: Die Literaturempfehlungen, die in systematischen und historischen Einführungen sowie in Fachlexika gegeben werden, können als Standardwerke betrachtet werden. Hierin finden sich wiederum weitere Literaturangaben. Im Idealfall folgt am Ende aber noch ein Blick in die Fachbibliografien, um die Literaturauswahl durch neueste Forschungsergebnisse zu ergänzen. Was für Facharbeiten der Idealfall ist, bleibt für Studienarbeiten unerlässlich: Hier wird quantitativ mehr Literatur zur Bearbeitung des Themas gefordert. Zudem müssen Studierende in einem höheren Maße als Schüler an eine professionelle Recherche zur Erhebung eines Forschungsstandes herangeführt werden.

Schritt 6:
Forschungsliteratur

Die eigentliche Forschungsliteratur, die in den bisherigen Schritten gefunden wurde, bietet natürlich ihrerseits weitere Literaturverweise. Im Lehrgespräch kann den Schülern der Unterschied zwischen Monografien einerseits und Aufsätzen in Sammelbänden sowie Zeitschriften andererseits deutlich gemacht werden. Dies ist mit Blick auf die Rechercheinstrumente notwendig (vgl. Kap. 4.5).

B – Praktische Anregungen

B – Praktische Anregungen

4-01	**Unterrichtsstunde** ‚Methoden zur Literaturrecherche'
Ziele	• Einsicht über die Notwendigkeit wissenschaftlich korrekter Recherche • Reflexion über Vor- und Nachteile verschiedener Rechercheinstrumente • Kennenlernen der Fachbibliografien
Vorgehen	❶ Der Begriff ‚Forschungsstand' wird erläutert bzw. vertieft. Zur Verdeutlichung können Beispiel 2 aus Kap. 2.3 sowie die Informationen aus Kap. 4.2 dienen. ❷ Die drei Arbeitsschritte einer Literaturrecherche werden visualisiert und erläutert (vgl. Kap. 4.3). ❸ Im Lehrgespräch werden Rechercheinstrumente, die die Schüler intuitiv nutzen würden, gesammelt und an der Tafel notiert. ❹ Bewertungskriterien für eine wissenschaftliche Recherche werden visualisiert und erläutert (vgl. Kap. 4.4). ❺ Die Schüler werden in fünf Kleingruppen eingeteilt (3–6 pro Gruppe). Jede Gruppe erhält Arbeitsblätter zur Bewertung eines Rechercheinstruments (siehe Folgeseiten). Zunächst in einer Einzelarbeit, dann in einer Gruppenarbeit reflektieren und bewerten die Schüler, inwieweit das jeweilige Instrument den vier Kriterien genügt. Die Lehrperson zeichnet während der Arbeitsphase eine Tabelle an die Tafel (siehe Folgeseiten). ❻ Die Arbeitsgruppen notieren nacheinander in der Tabelle an der Tafel ihre Noten für das jeweilige Instrument und begründen ihre Benotung. ❼ Es wird festgestellt, dass keines der untersuchten Instrumente alle Bewertungskriterien optimal erfüllt. Es werden die Fachbibliografien vorgestellt und von der Lehrperson in der Tabelle an der Tafel bewertet: Sie erfüllen alle Kriterien ideal und sind damit das beste Rechercheinstrument.
Material-bedarf	Arbeitsblätter (siehe CD 4.01)
ungefährer Zeitaufwand	1.+2. Lehrvortrag zum Einstieg: 7 min. 3.+4. Lehrgespräch/Lehrvortrag zu Bewertungskriterien: 5 min. 5. Einzelarbeit: 3 min. + Gruppenarbeit: 10. min. 6. Ergebnispräsentation: 5 × 3 min. 7. Lehrgespräch zur Nachbereitung: 5 min. Gesamt: 45 min.

Themen für die Gruppenarbeit zu 4-01:

Thema 1:

Internetrecherche per Metasuchmaschine (= *Google*® etc.):

Metasuchmaschinen wie *Google*® sammeln sämtliche Informationen im Internet, sodass diese per Schlagwort gefunden werden können. Die Sortierung der Suchergebnisse ist davon abhängig, wie oft die Seite aufgerufen wird und ob die Seite ggf. eine Werbepartnerschaft mit der Suchmaschine hat.

Thema 2:

Internetrecherche per Wikipedia®: Die sog. „freie Enzyklopädie" enthält umfassende Lexikoneinträge zu allen möglichen Themen. Die große Besonderheit gegenüber traditionellen Enzyklopädien ist, dass die Nutzer eigenständig die Einträge verfassen und bearbeiten können. Wissenschaftliche Themen enthalten auch Literaturverweise und genügen z.T. auch wissenschaftlichen Kriterien – z.T. aber eben auch nicht!

4. Literaturrecherche

Thema 3:

Internetrecherche per Online-Buchhandlung: Da Online-Buchhandlungen wie *Amazon®* aus wirtschaftlichen Interessen ihre Buchangebote mit einer eigenen Suchmaschine und vielen Schlagworten versehen, verwenden Schüler und Studierende z. T. auch solche Suchmasken, um Literatur zu recherchieren. Aus wissenschaftlicher Perspektive ist hierbei aber Vorsicht geboten!

Thema 4:

Bibliothekskataloge: Die meisten Universitätsbibliotheken verfügen mittlerweile über sogenannte Online-Kataloge. Darin sind sämtliche Bücher erfasst, die an der jeweiligen Hochschule in den Bibliotheken zu finden sind. Per Online-Suchmaske lassen sich also Bücher in der Bibliothek der Hochschule finden.

Thema 5:

Schneeballprinzip: Fast jeder wissenschaftliche Text verfügt über ein Literaturverzeichnis. Sobald man einen Text zu einem Thema gefunden hat, kommt man also schnell mittels des Literaturverzeichnisses an weitere Literatur zum Thema. Und in den darin gefundenen Büchern sind ja wieder weitere Literaturangaben. So vermehrt sich der Fundus an Literatur mit jedem Buch, das man aufschlägt – daher die Metapher des Schneeballs, der immer größer wird, je weiter man ihn im Bodenschnee rollt. Doch der Schneeball nimmt (um in der Metapher zu bleiben) nur jenen Schnee auf, über den man ihn rollt, und nicht *sämtlichen* Schnee!

Arbeitsaufgaben für die Gruppenarbeit zu 4-01:

Arbeitsphasen:

	Dauer	Arbeitsform	Aufgabe
1	3 min.	Einzelarbeit	Bewerten Sie in der Tabelle (siehe S. 55), inwiefern Ihr Rechercheinstrument (siehe Thema) – gemessen an den angegebenen Kriterien – für **wissenschaftliche** Literaturrecherche geeignet ist! Vergeben Sie Schulnoten von 1–6 und überlegen Sie, **warum** Sie welche Note vergeben!
2	10 min.	Gruppenarbeit	Tauschen Sie sich aus: Welche Noten haben Sie vergeben und **warum**? Finden Sie eine Gruppennote und bereiten Sie sich darauf vor, die Ergebnisse kurz im Kurs zu präsentieren (s.u.)!
3	3 min.	Präsentation im Plenum	Präsentieren Sie Ihre Ergebnisse im Plenum! Bitte tragen Sie an der Tafel Ihre Gruppennote für das jeweilige Kriterium ein und begründen Sie Ihre Benotung!

B – Praktische Anregungen

Bewertungstabelle für die Gruppenarbeit zu 4-01:

Bewertungstabelle für das Rechercheinstrument: _____

Bewertungskriterium	Ihre Note:	Gruppennote:	Begründung:
Vollständigkeit Inwiefern ist das Rechercheinstrument geeignet, um **alle** Publikationen zu einem Thema zu finden, also einen **vollständigen** Forschungsstand zu erheben?			
Aktualität Inwiefern ist das Rechercheinstrument geeignet, um **neueste** Publikationen zu finden?			
Aufsätze erfasst? Verzeichnet das Rechercheinstrument auch **unselbstständige Literatur** (Aufsätze in Zeitschriften & Sammelbänden) oder nur selbstständige (Buchtitel)?			
Objektivität Ist bei dem Instrument Objektivität bei der Auswahl der Suchergebnisse gewährleistet? Oder werden die Literaturangaben nach anderen Kriterien sortiert (z. B. Bestseller, nur eine Forschungsposition etc.)?			

Tafelbild für die Besprechung der Gruppenarbeit zu 4-01[2]:

	Vollständigkeit	*Aktualität*	*Aufsätze erfasst?*	*Objektivität*	*Gesamtnote*
Metasuchmaschinen	3	1	5	5	**3,5**
Wikipedia®	5	3	3	3	**3,5**
Online-Buchhandlung	4	1	6	5	**4,0**
Bibliothekskatalog	3	2	6	3	**3,5**
Schneeballprinzip	3	6	1	3	**3,25**
Fachbibliografien	1	1	1	1	**1**

---

[2] Begründungen für die hier angegeben Noten sind in Kap. 4.5 zu finden. Eine 3 als Note bedeutet, dass das Kriterium theoretisch im Einzelfall erfüllt sein kann, in anderen Fällen allerdings nicht. Die hier vergebenen Noten sind nur ein Vorschlag: Natürlich können sich im Gespräch mit der Klasse/dem Kurs andere Noten ergeben.

4. Literaturrecherche

4-02	**Literaturtypen** als Hilfsmittel zur Recherche und Lektüre
Ziele	• Verschiedene Literaturtypen werden kennengelernt, die sowohl für die Recherche als auch als Hilfsmittel verwendet werden können. • Schüler entwickeln ein Gespür dafür, welche Hilfsmittel wozu dienen.
Vorgehen	❶ Siehe Varianten ❷ Im Lehrgespräch werden die verschiedenen Literaturtypen gesammelt und an der Tafel notiert. Die einzelnen Literaturtypen werden besprochen, ihr jeweiliger Nutzen wird herausgestellt.
Varianten für Schritt 1	In der Regel sind Schüler noch nicht mit der Existenz verschiedener wissenschaftlicher Hilfsmittel vertraut, daher kann ein Lehrgespräch sehr unproduktiv werden, wenn die Schüler vorher kein Überblickswissen zu dem Thema erhalten. Folgende Lösungen sind denkbar: • Idealfall: Sofern verfügbar, erhalten die Schüler Exemplare verschiedener Literaturtypen, die zur Veranschaulichung dienen können. In Partnerarbeit können die Schüler so eigenständig erforschen, was der Nutzen des jeweiligen Buches ist. Diese Variante hat sich als sehr produktiv herausgestellt, allerdings ist sie im schulischen Kontext organisatorisch schwer umzusetzen: Teure Hilfsmittel wie Fachbibliografien oder mehrbändige Spezialexika sind in der Regel nur in Universitätsbibliotheken verfügbar. Sofern sich diese Einheit mit einer Exkursion zu einer Hochschule verbinden lässt, wäre dies eine ideale Lösung. Universitätsbibliotheken bieten häufig entsprechende Schulungen auf Nachfrage auch für Schülergruppen an. Für Tutorien oder propädeutische Lehrveranstaltungen im universitären Kontext ist diese Übung hingegen leicht zu realisieren, da die Bücher lokal entliehen werden können oder die Übung direkt in Arbeitsräumen der Bibliothek stattfinden kann. • In einer Hausaufgabe können die Schüler im Internet nach einzelnen Hilfsmitteln recherchieren und sich somit auf das Lehrgespräch vorbereiten. • Natürlich können die Literaturtypen auch im Lehrvortrag vorgestellt werden.
Tipps zum Lehrgespräch	Hier eine Liste verschiedener Literaturtypen, die besprochen werden können (vgl. Kap. 4.6): Allgemeines Einführungsbuch | Spezielle Einführung Begriffslexikon | Spezialllexikon Werke zu historischem Überblickswissen (z. B. Literaturgeschichte, Philosophiegeschichte) Monografie | Sammelband | Wissenschaftliche Zeitschrift Aufsätze in Sammelbänden oder Zeitschriften Bibliografien
Materialbedarf	ggf. Bücher zur Veranschaulichung Übersicht zu Literaturtypen: s.o. (siehe CD 4.02)
ungefährer Zeitaufwand	je nach Variante flexibel

4-03	*Aufgabe für das* **Portfolio**
Ziele	• Ergebnissicherung (via Hausaufgabe, Lernportfolio, Einzel-/Gruppenarbeit)
Aufgabenstellung	Schreiben Sie bitte einen ausformulierten Text, in dem Sie aus eigener Perspektive folgende Leitfragen reflektieren: ❶ Was bedeutet „Forschungsstand" und warum ist er für die wissenschaftliche Arbeit wichtig? ❷ Was sind „Fachbibliografien"? ❸ Warum sind Fachbibliografien zur Literaturrecherche besser geeignet als z. B. Google®, ein Bibliothekskatalog oder das „Schneeballprinzip"?
Sonstige Hinweise	Die weiteren Leitfragen/Aufgaben finden sich am Ende der jeweiligen Kapitel dieses Buches.

A – Theoretische Vorüberlegungen und Hintergrundwissen

5. Strukturiertes Lesen und Erarbeiten wissenschaftlicher Texte

A – Theoretische Vorüberlegungen und Hintergrundwissen

5.1 Relevanz des Themas

Zur Zielgruppe wissenschaftlicher Texte gehören primär Wissenschaftler selbst. Forschungsliteratur wird für weitere Forschung geschrieben, insofern ist es nicht verwunderlich, dass Schüler als auch Studierende der ersten Semester einige Anstrengungen aufbringen müssen, um die Fachliteratur zu verstehen. Einerseits fehlt es an Hintergrundwissen, andererseits scheitert das Verständnis auf rein sprachlicher Ebene, da viele Fremdwörter noch nicht internalisiert sind.

Eine banale, aber wichtige Erkenntnis für Schüler: Sie *können* wissenschaftliche Texte nicht so leicht/schnell verstehen wie Akademiker, für die diese Texte geschrieben sind. Das Verständnis wissenschaftlicher Texte ist also auch eine Frage des Trainings. Daran kann Schule letztlich nichts ändern. Sie kann allerdings die Chance bieten, dass Schüler mit diesem Training möglichst früh beginnen. Wie bei jedem Training, ist der Erfolg einerseits von der Häufigkeit, andererseits aber auch von der Kenntnis der effektivsten Trainingsmethoden abhängig. Bei der Reflexion über die Optimierung des eigenen Leseverhaltens kann Schule eine sehr gute Hilfestellung leisten.

5.2 Schwierigkeiten bei der Lektüre: Ursachen und Lösungen[1]

Eine Selbstanalyse, was die Ursachen für die Schwierigkeiten bei der Lektüre wissenschaftlicher Texte sind, ist bereits der erste Schritt zu einer Lösung. Es ist daher empfehlenswert, mit den Schülern das eigene Leseverhalten zu reflektieren und nach der Diagnose passende Lösungsstrategien zu diskutieren. Im Folgenden werden mögliche Ursachen für Schwierigkeiten bei der Lektüre wissenschaftlicher Texte und gleichsam passende Lösungsstrategien gesammelt:

a. Motivationsschwierigkeiten

Wissenschaftliches Arbeiten ist – wie der Name schon sagt – Arbeit. Auch unter Berufswissenschaftlern kommt es vor, dass sie – trotz hoher intrinsischer Motivation und Affinität zum Thema – nicht immer mit großer Leidenschaft wissenschaftliche Texte lesen. Die meisten Menschen kennen erfahrungsgemäß Situationen, in denen auch ungeliebte häusliche Verpflichtungen wie der Wohnungsputz oder Bügeln an Attraktivität gewinnen, wenn eine geistig anspruchsvolle Aufgabe wie Schulaufgaben oder eben das Lesen wissenschaftlicher Texte die (in diesem Falle unliebsamere) Alternative sind. Die Erkenntnis, dass derartige Motivationsschwierigkeiten nicht ein persönliches Problem darstellen, sondern vielen Menschen gemein sind, ist bereits eine Beruhigung für Schüler und Studierende.

---

[1] Viele Ideen dieses Buches finden ihren Ursprung in der Praxisarbeit des Tutorenprogramms am Germanistischen Institut der Ruhr-Universität Bochum. Insbesondere bei den Ideen dieses Kapitels möchte ich darauf hinweisen, dass sie in weiten Teilen von Dr. Kerstin Kucharczik entwickelt wurden: Sie war damals eine der ersten, die Reflexionen zum Leseverhalten in wissenschaftspropädeutische Lehrveranstaltungen integriert hat. Die Ideen dieses Kapitels lehnen eng an ihrem Konzept an (vgl. Kucharczik/Sawatzki/Thiel 2006 ff.) – ich danke für die Möglichkeit, diese hier aufgreifen zu dürfen.

5. Strukturiertes Lesen und Erarbeiten wissenschaftlicher Texte

Die passenden Lösungsstrategien lassen sich in folgende Kategorien einteilen:

1. Klare Ziele setzen	• Die Lektüre wird als fester Termin in den Kalender eingetragen. • Pausen werden eingeplant. • Die geplante Arbeitszeit wird nicht über- oder unterschritten. • Der Nutzen der Lektüre wird reflektiert (z. B. Weiterbildung; das gute Gefühl, eine Aufgabe abzuschließen).
2. Ablenkfaktoren abschalten	• E-Mail-Programme, soziale Netzwerke, Fernseher und Telefone werden während des Arbeitsprozesses abgeschaltet. • Ggf. wird der Arbeitsort gewechselt: Eine Bibliothek bietet z. B. weniger Ablenkungsmöglichkeiten.
3. Belohnungsstrategien nutzen	• Sofern der Nutzen der Lektüre nicht zur Selbstmotivation ausreicht, können andere Formen der Selbstbelohnung als Ziel des Arbeitsprozesses eingesetzt werden. Je nach Neigung kann dies ein Eis, ein Schokoriegel oder ein Feierabend mit Freunden sein. Dinge, die uns gefallen, machen umso mehr Spaß, wenn wir sie nach getaner Arbeit gänzlich sorgenfrei genießen können.

b. Verständnisschwierigkeiten

Dass ein Text vom Leser nicht verstanden wird, kann zwei mögliche Ursachen haben: 1. Der Text ist sprachlich zu anspruchsvoll. 2. Zum Verständnis des Textes ist Kontextwissen notwendig. Ideen zur Lösung dieser Probleme finden sich hier:

1. Wenn der Text zu anspruchsvoll ist …	• Alle nicht bekannten Fremdwörter werden im Fremdwörterbuch nachgeschlagen. Fachtermini werden hingegen idealerweise in einem Fachwörterbuch nachgeschlagen. Die geeignete Übersetzung wird an den Rand notiert. Diese „Mehrarbeit" zahlt sich bei zukünftiger Lektüre desselben Textes, aber auch anderer Texte vielfach aus. • Komplexe Sätze werden mehrfach gelesen, bis sie verstanden werden. • Die Textstruktur wird farblich markiert, Thesen werden von Argumenten und Beispielen getrennt. • Es wird nach der ersten Lektüre laut monologisch wiedergegeben, was vom Text bislang verstanden wurde. Ein Dialog ist noch besser geeignet, sofern ein Gesprächspartner zur Verfügung steht. • Sinnabschnitte werden mit kurzen Schlagworten zusammengefasst. • Nach Durchgehen all dieser Arbeitsschritte wird der Text ein weiteres Mal gelesen, sofern er bislang nicht verstanden wurde.
2. Wenn Hintergrundwissen fehlt …	• Texte entstehen nicht ohne Kontexte. Oft ist Kontext- oder Hintergrundwissen der Schlüssel zum Textverständnis. Gerade hierfür sind Einführungsbücher, Speziallexika oder fachspezifische Textsorten wie Literaturgeschichten, Grammatiken oder Philosophiegeschichten nicht nur wertvolle, sondern auch notwendige Hilfsmittel (vgl. Kap. 4.6 und 4-02).

c. Konzentrationsschwierigkeiten

Konzentrationsschwierigkeiten können vielschichtige Ursachen haben. Unter anderem können sie ihren Ursprung in den o. g. Motivations- und Verständnisschwierigkeiten haben. Konzentrationsfähigkeit kann aber auch durch körperliche oder psychische Faktoren eingeschränkt werden. Regelmäßige Pausen, leichte körperliche Aktivierung (z. B. Joggen, Gymnastik, Spaziergänge), Entspannungsphasen (z. B. ‚Powernapping', autogenes Training), ausreichende Zufuhr von Flüssigkeit und Nährstoffen können Körper und Geist regenerieren und neue Kraft für die Weiterarbeit liefern.

Psychischer Druck kann aber z. B. auch durch Selbstzweifel an den eigenen Fähigkeiten entstehen: Umso wichtiger ist es, Schülern zu verdeutlichen, dass sie die Lektüre eines Textes nicht als alleinstehende Aufgabe, sondern als Teil eines

A – Theoretische Vorüberlegungen und Hintergrundwissen

langen Bildungsprozesses verstehen sollten. Das Verstehen komplexer Texte ist niemandem angeboren, es ist eine Frage des Trainings – ein Training, das ihnen viele Chancen eröffnet. Das reflektierte Wissen hierüber mag derartige Selbstzweifel minimieren.

5.3 Arbeitsschritte beim strukturierten Lesen

In vielfachen Gesprächen mit Hochschullehrern und Studierenden, aber auch in der Ratgeber-Literatur hat sich herausgestellt: Erfolgreiches Lesen besteht aus mehreren Arbeitsschritten. Zumindest diejenigen Texte, die Basis für eine Fach- oder Studienarbeit, eine mündliche Prüfung, ein Referat oder eine Klausur sind, sollten in verschiedenen Arbeitsschritten gründlich erarbeitet werden. Unter den Ideen zur Optimierung des eigenen Leseverhaltens findet sich z.B. die SQ3R-Methode (vgl. Robinson 1966; prägnante Zusammenfassung bei Rothstein 2011: 44 ff.), bei der fünf Arbeitsschritte empfohlen werden: 1. Survey (Überblick gewinnen), 2. Question (Fragen an den Text stellen), 3. Read (der eigentliche Leseprozess), 4. Recite (den Text wiedergeben), 5. Review (Reflexion, Überprüfung) (vgl. ebd.).[2] Die fünf Schritte lassen sich in drei Phasen einteilen:

1. Vorbereitung des Leseprozesses

- Überblick über den Text gewinnen: Grundstruktur des Textes erfassen (z.B. durch Lektüre des Klappentextes, Erfassen des Inhaltsverzeichnisses) → schafft Klarheit, erweckt Interesse, erleichtert das spätere Textverstehen
- Fragen an den Text stellen, Nutzen der Lektüre reflektieren → stiftet Identifikation mit dem Thema

- Überfliegen einzelner Passagen (ohne den Anspruch, direkt alles zu verstehen) → minimiert Konzentrationsschwierigkeiten: Wenn der Anspruch, den Text direkt verstehen zu müssen, aufgegeben wird, minimiert sich das Risiko einer Denkblockade, die durch Selbstzweifel entstehen kann.

2. Gründliche Lektüre

- Übersetzung von Fremdwörtern und Fachtermini → minimiert Verständnisschwierigkeiten
- Argumentationsstruktur erfassen und im Text markieren → minimiert Verständnisschwierigkeiten, hilft beim Merken der Inhalte, stiftet Identifikation mit dem Thema
- bei Bedarf Kontextwissen erarbeiten (durch Einführungsbücher, Lexika) → minimiert Verständnisschwierigkeiten, stellt den Text in einen größeren Sinnzusammenhang

3. Nachbereitung

- Rekapitulieren des Gelesenen (durch mündliche Zusammenfassung – monologisch oder dialogisch) → hilft beim Merken der Inhalte, überprüft Verständnis
- Exzerpieren (= schriftliche Zusammenfassung)[3] → sichert das erworbene Wissen für die weitere Arbeit (eigene Textproduktion, Referat, mündliche Prüfung, Klausur)

---

[2] Die Anfangsbuchstaben dieser fünf Schritte bilden den Namen der Methode: SQ(3x)R.

[3] Lesen und Schreiben können als zwei sich reziprok bedingende Lernprozesse aufgefasst werden (zur Vertiefung dieses Gedankens vgl. Paefgen 1996). Die Bedeutung des Exzerpierens als Abschluss des Lektüreprozesses wird im folgenden Kapitel besprochen.

5. Strukturiertes Lesen und Erarbeiten wissenschaftlicher Texte

B – Praktische Anregungen

5-01	Reflexion zum Lektüreverhalten[4]
Ziele	• Reflexion von Motivations-, Konzentrations- und Verständnisschwierigkeiten beim Lesen • Sammeln und Entwickeln von Lösungsstrategien • Sensibilisierung für Prozesse der Selbstdiagnose als Beginn einer Problemlösung
Vorgehen	❶ Im Lehrvortrag werden die drei Formen a) Motivations-, b) Konzentrations- und c) Verständnisschwierigkeiten bei der Lektüre kurz definiert und an der Tafel notiert (vgl. Kap. 5.2). Beispiel: *„Vielleicht kennen Sie diese Situation: Sie wollen Texte lesen, um eine Hausaufgabe zu bewältigen oder für eine Klausur zu lernen. Doch Sie stellen fest, dass Sie immer wieder bei Facebook®, vor dem Fernseher oder in einem Browsergame landen, statt den Text zu lesen. Oder Sie merken plötzlich, dass das Aufräumen Ihres Zimmers Spaß machen kann, wenn Lesen die Alternative ist. (Einige von Ihnen lächeln/nicken jetzt: Sie scheinen das zu kennen!) Dies ist ein typischer Fall von Motivationsschwierigkeiten, den fast alle Menschen kennen. [„a) Motivationsschwierigkeiten" wird an die Tafel geschrieben.] Eine andere Situation: Sie lesen einen Text für die Schule und merken, dass Ihre Augen die Wörter im Text erfassen, dass aber im Gehirn der Text nicht so richtig ankommen will. Dies ist ein typischer Fall von Konzentrationsschwierigkeiten, den ebenfalls fast alle Menschen kennen [„b) Konzentrationsschwierigkeiten"]. Und ein letzter Fall: […]"* ❷ Die Schüler werden (z. B. durch Abzählen oder nach Sitzordnung) in drei Gruppen eingeteilt. Jeder Gruppe wird eines der drei Themen [a) Motivations-, b) Konzentrations- und c) Verständnisschwierigkeiten] zugeteilt. Arbeitsauftrag: *„I. Überlegen Sie bitte, welche möglichen Ursachen es für die jeweilige Schwierigkeit gibt! Warum entscheiden Sie sich für Facebook® und nicht für das Lesen eines Textes für die Schule? Warum können Sie sich nicht auf den Text konzentrieren? Woran kann es liegen, dass Sie einen Text nicht verstehen? II. Sie haben nun X Jahre Schule hinter sich gebracht: In dieser Zeit haben Sie bestimmt die eine oder andere Lösung gefunden, wie Sie mit solchen Schwierigkeiten umgehen! Sammeln und notieren Sie Ihre persönlichen Lösungsstrategien! […]"* ❸ In einer Einzelarbeit reflektieren die Schüler den o.g. Arbeitsauftrag. ❹ In einer Partner- oder Gruppenarbeit tauschen die Schüler ihre jeweiligen Ergebnisse aus und bereiten eine Poster-Präsentation auf einem Flipchart-Bogen vor. Auf dem Poster werden Ursachen als auch Lösungen notiert (vgl. 5-02). ❺ In Kurzvorträgen (max. 5 min.) präsentiert jeweils eine Gruppe pro Thema die Ergebnisse. Die anderen Gruppen, die dasselbe Thema bearbeitet haben, ergänzen im Lehrgespräch.
Material- bedarf	Flipchart-Papier oder Tapete, Klebeband zur Befestigung, Filzstifte/Board-Marker
ungefährer Zeitaufwand	Lehrgespräch: 6 min. | Einzelarbeit: 5 min. | Gruppenarbeit: 10 min. | Präsentationen: 3 × 5 min. plus 3 × 3 min. Nachbesprechung pro Gruppe Gesamt: 45 min.

5-02	Aufgabe für das Portfolio
Ziele	• Ergebnissicherung (via Hausaufgabe, Lernportfolio, Einzel-/Gruppenarbeit)
Aufgaben- stellung	Variante A: Erstellen Sie in Ihrem Portfolio eine Tabelle, in der Sie … ❶ mögliche Ursachen für Motivationsschwierigkeiten, Konzentrationsstörungen und Verständnisschwierigkeiten beim Lesen wissenschaftlicher Texte auflisten und ❷ verschiedene Lösungsstrategien benennen. Versuchen Sie dabei, die Ursachen und Lösungen mit prägnanten Schlagworten zu benennen und Beispiele zu finden! In diesem Fall müssen Sie keinen Fließtext schreiben. Stichworte reichen aus! Beispiel s. u.

---

[4] Weitere interessante Anregungen zur Vertiefung des Themas ‚Lesen' finden sich z. B. bei Adler/van Doren (2010) und bei Boeglin (2007).

B – Praktische Anregungen

	Variante B: Reflektieren Sie bitte in einem ausformulierten Text, wie Sie wissenschaftliche Texte im Idealfall lesen/erarbeiten sollten! **Fragen zur Orientierung:** Wie oft sollte man wissenschaftliche Texte lesen? Wie sorgen Sie dafür, dass Sie Texte nicht nur lesen, sondern auch verstehen? Wie sorgen Sie dafür, dass Sie die Inhalte auch langfristig behalten?
Sonstige Hinweise	Die weiteren Leitfragen/Aufgaben finden sich am Ende der jeweiligen Kapitel dieses Buches.

Beispieltabelle als Anregung für Schülerinnen und Schüler

Ursachen für Konzentrations-, Motivations- und Verständnisschwierigkeiten beim Lesen wissenschaftlicher Texte	**Lösungsstrategien** zum erfolgreichen Erarbeiten wissenschaftlicher Texte
Ablenkfaktoren (z. B. Facebook®, Fernsehen, Freizeitinteressen, häusliche Verpflichtungen)	• Ort zum Lesen wechseln: Ort suchen, an dem es keine Ablenkfaktoren gibt (z. B. Bibliothek) • Handy/TV/Mail-Programm/Soziale Netzwerke beim Arbeiten ausschalten • […]
Der Text ist zu schwierig (z. B., weil […])	[…]
[…]	[…]
[…]	[…]
[…]	[…]

6. Exzerpieren

A – Theoretische Vorüberlegungen

6.1 Relevanz des Themas

Das Exzerpieren ist eine bedeutsame Schnittstelle zwischen der Quellenlektüre und dem eigentlichen Schreibprozess bei wissenschaftlichen Arbeiten. Das lateinische Wort *excerpere* bedeutet ‚herauspflücken' oder ‚herausklauben'. Für Schüler kann es eine Erleichterung sein zu erfahren, dass damit etwas gemeint ist, was sie in der einen oder anderen Form schon vielfach angewendet haben - nämlich das Zusammenfassen von Texten.

Exzerpieren ist eine Arbeitstechnik, die einen vielfachen Nutzen haben kann:

a) Das gelesene Wissen wird durch die eigene Reproduktion tiefer verstanden und besser eingeprägt; Exzerpte eignen sich daher hervorragend zur Vorbereitung von Klausuren, Referaten, mündlichen Prüfungen und wissenschaftlichen Fach-/Studienarbeiten.
b) Durch den Prozess des Exzerpierens wird die eigene Schreibkompetenz trainiert.
c) Exzerpieren beugt Schreibblockaden beim Verfassen eigener wissenschaftlicher Texte vor: Durch die Zusammenfassung des Gelesenen wechselt man direkt vom Lektüre- zum Schreibprozess. Somit wird verhindert, dass lange Denkpausen entstehen und Orientierungslosigkeit darüber, wo man anfangen soll, aufkeimt. Teile eines gelungenen Exzerpts können bereits Bestandteile des eigenen wissenschaftlichen Textes sein.
d) Gründliches Exzerpieren schult Akribie beim Zitieren und verhindert somit Plagiate.
e) Ein gutes Exzerpt kann einen langfristigen Nutzen haben, der weit über die entsprechende schulische Leistung hinausgeht: Ich persönlich erzähle meinen Schülern und Seminarteilnehmern gerne davon, dass ich zu Beginn meines Studiums ein umfassendes Exzerpt zu Ferdinand de Saussures *Cour de linguistique générale* geschrieben habe. In vier weiteren Lehrveranstaltungen konnte ich von dem dadurch erworbenen Wissen profitieren. Zudem habe ich dieses Exzerpt auch noch für zwei Fachvorträge und meine mündliche Studienabschlussprüfung verwenden können.[1]
f) Sofern es sich nicht um ein rein wörtliches Exzerpt handelt, erhöht das Exzerpieren als Arbeitsschritt zwischen Lektüre und Schreibprozess die Souveränität im Umgang mit den Quellen: Ein Schüler, der zunächst alle Texte liest und vor dem Schreibprozess auf Exzerpte verzichtet, wird die Gedanken der verschiedenen Autoren aus der Erinnerung nicht mehr einwandfrei auseinander halten können, sodass er zwangsläufig erneut in die Texte wird schauen müssen. Dies führt in vielen Fällen dazu, dass letztlich Text für Text in der Facharbeit ‚abgearbeitet' wird und der Schüler nicht zu einer eigenständigen Struktur findet. Im Idealfall ist ein Exzerpt so verfasst, dass die verwendete Literatur für den Schreibprozess gar nicht mehr nötig ist und die Arbeit auf Basis der Exzerpte geschrieben werden kann. Dies gibt dem Verfasser einen

---

[1] Dieses Beispiel ist für Studierende vielleicht überzeugender als für Schüler. Dennoch: Beim Exzerpieren besonders zentraler Texte, die auch eine weitreichende historische Bedeutung haben, kann der persönliche Nutzen des Exzerpts unter Umständen ein Leben lang anhalten. Dies könnte zumindest denjenigen Schülern deutlich werden, die bereits wissen, was sie später studieren möchten. Die Facharbeit bietet die Chance, einen Nutzen für das spätere Studium zu haben. Historisch bedeutsame Texte gibt es in vielen Fachrichtungen – seien es Platon, Aristoteles, Charles Darwin, John Maynard Keynes, Auguste Comte, Jean Piaget u.v.a. In Fachrichtungen, in denen historisch bedeutsame Texte heute wenig Relevanz haben, bieten sich zumindest Exzerpte zu Kapiteln renommierter Einführungsbücher an.

A – Theoretische Vorüberlegungen

Gesamtüberblick, der ihn leichter zu einer eigenen Struktur der Arbeit finden lässt.

6.2 Arten des Exzerpierens

Exzerpte lassen sich bezüglich der Frage unterscheiden, wie nahe das Exzerpt am Originaltext bleibt:

1) Reines (oder wörtliches) Exzerpt[2]

Bei dem reinen Exzerpt handelt es sich um eine gekürzte und gründlich zitierte Kurzfassung des Originaltextes: Der Originaltext wird auf die wesentlichen Aussagen reduziert und wortwörtlich zitiert. Es werden alle Regeln des Zitierens streng beachtet (vgl. Kap. 7). Reine Exzerpte sind insbesondere bei Texten sinnvoll, die ggf. in späteren Kontexten noch einmal zitiert werden sollen (z. B. zentrale Klassiker, Einführungsbücher, vgl. Kap. 6.1). Sie sind ebenfalls geeignet, um das Textverständnis zu erhöhen, falls ein Text zu schwierig ist: Durch das Abschreiben und Kürzen des Textes wird der Text stärker verinnerlicht als bei einem reinen Leseprozess.

2) Paraphrase

Bei der Paraphrase wird der Originaltext in eigenen Worten wiedergegeben (wie z. B. bei einer Textanalyse). Trotz der eigenständigen Reformulierung ist auch hier ein genauer Verweis auf die Textstellen im Original sinnvoll, damit ggf. indirekt zitiert werden kann und die Quellen von Aussagen nachvollziehbar bleiben. Paraphrasen sind als Vorbereitung für Referate, mündliche Prüfungen und Klausuren sinnvoll: Die Zusammenfassung in eigenen Worten ist immer dann geeignet, wenn die Reproduktion und Präsentation von Inhalten aus Texten gefragt ist. Als Vorbereitung für das Verfassen eigener wissenschaftlicher Texte sind reine oder freie Exzerpte hingegen empfehlenswerter, da hier genau zitiert werden muss.

3) Unreines (oder freies) Exzerpt

Dies ist eine Mischung aus den beiden zuvor genannten Arten. Zu beachten ist hierbei, dass zwischen den eigenen und fremden Formulierungen (und Gedanken) formal, d. h. durch korrektes Zitieren, getrennt wird. Ein freies Exzerpt kann bereits Bestandteil des eigenen wissenschaftlichen Textes sein: Hier ist es bei der Diskussion von Forschungsliteratur notwendig, andere Texte teils eigenständig, teils direkt zitiert wiederzugeben.

6.3 Darstellungsformen von Exzerpten

Hinsichtlich ihrer Darstellungsform bietet sich bei Exzerpten a) entweder ein Fließtext oder b) eine tabellarische Darstellung an. Je nach Fachdisziplinen ist entweder die eine oder andere Form üblich. Da Schüler das Exzerpt nicht als eigenständige Leistung einreichen müssen, sondern als Vorbereitung einer wissenschaftlichen Arbeit nutzen, ist die Wahl ihnen selbst überlassen. In beiden Formen sollte auf korrekte Zitation geachtet werden: Einerseits sollte das Exzerpt einen kompletten bibliografischen Nachweis enthalten, andererseits muss deutlich werden, auf welcher Seite des Originaltextes die zitierte/paraphrasierte Aussage zu finden ist (Beispiele siehe CD 6.01).

---

[2] Diese Dreigliederung entnehme ich den Arbeitsmaterialien des Tutorenprogramms am Germanistischen Institut der Ruhr-Universität Bochum (vgl. Kucharczik/Sawatzki/Thiel 2006 ff.), das seinerseits diese Unterscheidung Daniel Händel in einer Tutorenschulung 2005 verdankt.

6. Exzerpieren

B – Praktische Anregungen

6-01	Lehrvortrag ‚Exzerpte'
Ziele	• der Nutzen von Exzerpten wird den Schülern verdeutlicht • die Schüler erhalten Anregungen, worauf beim Exzerpieren zu achten ist
Vorgehen	❶ Im Lehrvortrag wird erläutert, a) was Exzerpieren bedeutet und b) warum dies als Vorbereitung für die Facharbeit nützlich ist (vgl. Kap. 6.1). ❷ Die verschieden Arten von Exzerpten werden vorgestellt und in ihrem Nutzen kurz erläutert (vgl. Kap. 6.2). Dabei wird auf die Wichtigkeit korrekten Zitierens hingewiesen (ohne dies ist das Exzerpieren zur Vertiefung von Lerninhalten zwar nützlich, für die Facharbeit aber nicht zu gebrauchen, da dann wieder ein Blick in die Originaltexte notwendig wäre). ❸ Eine Darstellungsform wird den Schülern als Beispiel (siehe CD) präsentiert.
Materialbedarf	Beispiel-Exzerpt/e auf CD 6.01
ungefährer Zeitaufwand	15–20 min.

6-02	Exzerpieren üben
Ziele	• Training verschiedener Arten des Exzerpieren • Sensibilisierung für die Unterscheidung von Wesentlichem und Nebensächlichem • Einüben eines souveränen Umgangs mit fremden Texten
Vorgehen	❶ Die Schüler erhalten einen beliebigen kurzen Textauszug (s.u.). ❷ Nach gründlicher Lektüre streichen die Schüler alle Formulierungen und Beispiele, die ihnen nebensächlich erscheinen, durch. ❸ Anschließend verfassen sie ein freies Exzerpt zu diesem Text. Vorgaben: a) nicht länger als eine halbe Seite (in Handschrift), b) maximal ca. 50 % Zitate, ansonsten eigenständige Zusammenfassung, c) alle Zitate werden als solche markiert.[3] ❹ In Kleingruppen (2–3 Teilnehmer) vergleichen die Schüler ihre Exzerpte. ❺ Zwei bis drei Schüler verlesen ihre Exzerpte (unter klarer Benennung der Zitate) im Kurs. Die anderen Schüler vergleichen diese mit ihren Ergebnissen. Im Lehrgespräch werden Verbesserungstipps erarbeitet.
Varianten	Schritte 2 und 3 können auch als Hausaufgabe erfolgen.
Materialbedarf	beliebiger kurzer Textauszug als Kopie (ca. halbe bis eine Seite; dies muss kein wissenschaftlicher Text sein, ein interessanter Zeitungsartikel wäre eine Alternative)
ungefährer Zeitaufwand	Lektüre: 5–10 min. | Exzerpieren: 10 min. | Gruppenarbeit: 10 min. | Lehrgespräch: 10 min | Gesamt: 35–40 min (20 min. bei Variante ‚Hausaufgabe')

---

[3] Trotz des Arbeitsauftrags 3c) kann diese Übung vor oder nach der Vermittlung des Zitierens (hier erst in Kapitel 7) stattfinden: Entweder kann diese Übung dazu dienen, das Thema ‚Zitieren' vorzubereiten (beim Exzerpieren ergeben sich Fragen zum Zitieren) oder aber das gelernte Wissen praktisch anzuwenden. Beide Varianten haben sich als sinnvoll erwiesen.

A – Theoretische Vorüberlegungen und Hintergrundwissen

7. Zitate

A – Theoretische Vorüberlegungen und Hintergrundwissen

7.1 Relevanz des Themas

Dass korrektes Zitieren in wissenschaftlichen Texten wichtig ist, weiß spätestens seit dem Plagiatsskandal um die Doktorarbeit von Karl-Theodor zu Guttenberg auch die breite Öffentlichkeit. Ob die Gründe für korrektes Zitieren in dieser öffentlichen Debatte ebenfalls transparent geworden sind, ist eine andere Frage. Ohne Zweifel ist ein Plagiat bei einer Doktorarbeit im doppelten Sinne juristisch relevant: Einerseits handelt es sich um einen Betrug, andererseits um eine Verletzung des Urheberrechts. Wenn – wie im Fall Guttenberg – ein Politiker eines Plagiats überführt wird, hat es noch weitere ethische Konsequenzen, da Vertrauen und Glaubwürdigkeit nicht nur innerhalb akademischer Kreise, sondern auch gegenüber der Öffentlichkeit unterminiert wird. Neben diesen juristischen und ethischen Gründen ist korrektes Zitieren aber auch aus rein wissenschaftlichen Gründen notwendig. Transparenz und Genauigkeit verlangen, dass der Leser eines wissenschaftlichen Textes jederzeit nachvollziehen kann, woher welche Informationen stammen, um sie seinerseits nachprüfen zu können. Zitieren hat also auch die Aufgabe, wissenschaftliche Texte verifizierbar/falsifizierbar zu halten. Zitieren ist damit eines der wichtigsten Qualitätsmerkmale wissenschaftlicher Texte. Nicht zuletzt gibt es auch einen didaktischen Grund: Korrektes Zitieren fordert größtmögliche Akribie. Training des wissenschaftlichen Zitierens gewährt also Übung im akribischen Arbeiten.

7.2 Direkte Zitate

Direkte Zitate, auch wörtliche Zitate genannt, werden in ihrem exakten Wortlaut aus einem anderen Text übertragen. Sie werden durch doppelte Anführungszeichen markiert und mit einem Quellenverweis[1] versehen:

(1) „Dies ist ein Zitat!" (Thiel 2013: 78)

Sollten Veränderungen des zitierten Textes notwendig sein, werden diese mit eckigen Klammern markiert. Eine mögliche Veränderung ist die Kürzung des zitierten Textes. Sie wird durch eine eckige Klammer mit drei Punkten markiert:

(2) *Original:* Der kulinarisch begeisterte, junge und freundliche Mann liebt Pizza. Nudeln mag er nicht.
Zitat: „Der [...] Mann liebt Pizza. Nudeln mag er nicht." (Thiel 2013: 78)

Dabei ist zu beachten, dass Kürzungen nur dann zulässig sind, sofern sie den Sinn des Originaltextes nicht verfälschen. Unzulässig wäre in (2) z. B. eine Kürzung wie: „Der [...] Mann liebt [...] Nudeln [...]." Sofern nur einzelne Satzglieder zitiert und in den eigenen Satz integriert werden, ist ggf. eine grammatische Anpassung (z. B. Kasus) notwendig. Diese wird ebenfalls durch eckige Klammern markiert:

(3) *Original:* Der junge Mann liebt Pizza.
Zitat: Thiel stellt fest, dass „Pizza" eine Leidenschaft „[d]e[s] junge[n] Mann[es]" sei (Thiel 2013: 78).

---

[1] Die formale Gestaltung des Quellenverweises kann variieren, mehr dazu in Kapitel 7.4. Grundsätzlich gibt es bei allen formalen Aspekten fachspezifische Vorlieben. In diesem Band werden die universalen Konventionen vorgestellt und fachspezifische Abweichungen gesondert benannt. Die Schülerinnen und Schüler müssen natürlich nicht alle Varianten kennenlernen. Hier entscheiden Sie als Lehrerinnen und Lehrer, welche Version Sie bevorzugen oder welche Version in Ihrem eigenen Fach üblich ist.

7. Zitate

(4) *Original:* Pizza begeistert den jungen Mann.
Zitat: Gemäß Thiel ist „de[r] junge[] Mann" von „Pizza" begeistert (Thiel 2013: 78).

(5) *Original:* Anna studiert Germanistik, da sie sich für Sprache interessiert.
Zitat: „Anna [interessiert] [...] sich für Sprache", daher „studiert [sie] Germanistik" (Thiel 2013: 78).

Bei einer Kasusanpassung wird jeder veränderte Buchstabe in Klammern markiert. Wie Beispiel (3) zeigt, gilt dies auch für eine Veränderung von Groß- und Kleinschreibung. Sofern ein Buchstabe bei einer Kasusanpassung weggelassen werden muss, wird eine leere eckige Klammer ins Zitat gesetzt (vgl. (4)).[2] Sofern – wie in (5) – eine Umstellung von Wörtern notwendig ist, werden die Wörter in ihrer neuen Position in eckigen Klammern notiert. Der Quellenverweis steht gewöhnlich direkt hinter dem letzten Anführungszeichen des direkten Zitats. Da es sich in (3) bis (5) aber um eine Mischung aus direktem und indirektem Zitat handelt und der Quellenverweis sich damit auf den ganzen Satz bezieht, steht der Quellenverweis am Satzende. Bei der Fußnotenzitation steht i.d.R. die Fußnote hinter dem Punkt, wenn sich der Quellenvermerk auf einen ganzen Satz bezieht. Bei der hier verwendeten Harvard-Zitation ist die Position des Quellenvermerks umstritten. Ästhetische Gründe sprechen dafür, dass die Quelle vor dem Satzzeichen angegeben wird. Transparenter wäre eine Angabe nach dem Satzzeichen, da dann deutlicher würde, dass sich die Quelle auf den gesamten Satz bezieht.

Korrektes Zitieren gebietet auch, dass Fehler des Originaltextes nicht korrigiert werden. Dies gilt gleichermaßen für Rechtschreib-, Interpunktions-, Grammatik- und Tipp- bzw. Druckfehler – ebenso für inhaltliche Fehler. Um deutlich zu machen, dass ein Fehler im Originaltext auftaucht und nicht vom Verfasser selbst stammt, wird der Fehler mit dem lateinischen Wort ‚sic!' (= ‚(wirklich) so!', bedeutet: so steht es im Original!) versehen:

(6) *Original:* Der junge Mann liebt Piza.
Zitat: „Der junge Mann liebt Piza [sic!]." (Thiel 2013: 78)

Nicht korrigiert werden Schreibweisen, die zur Zeit des Verfassens den Konventionen entsprachen. Bei einem Text aus den 1980er-Jahren, darf z. B. die Schreibweise ‚daß' unkommentiert übernommen werden, ebenso eine ‚Thätigkeit', von der Johann W. von Goethe schreibt.

Eckige Klammern werden auch genutzt, um dem Leser einen nicht zitierten Kontext zu verdeutlichen:

(7) *Original:* Der Mann liebt Pizza. Er mag sie mit Mozzarella.
Zitat: „Er [der Mann] mag sie [die Pizza] mit Mozzarella." (Thiel 2013: 78)

Die Bezüge der Personalpronomen in (7) sind im Originaltext eindeutig. Im Zitat werden sie aber nicht deutlich, da der erste Satz des Originaltextes nicht zitiert wird. Daher ist eine Erläuterung für den Leser hier hilfreich.

Sofern der Verfasser Wörter innerhalb eines Zitates besonders hervorheben – z. B. fett oder kursiv setzen, unterstreichen – möchte, ist ein entsprechender Vermerk bei der Quellenangabe notwendig:

(8) „Die Sprache kann sich begnügen mit der Gegenüberstellung von Etwas mit Nichts [...]." (Saussure 2001: 103, Hervorhebung von D.T.)

Ob hierbei die Hervorhebung mit „von mir", „von Dennis Thiel", „von D.T." oder „vom Verfasser dieser Arbeit" gekennzeichnet wird, ist umstritten. Sofern die Hervorhebung bereits im Originaltext auftaucht, wird dies ebenfalls

---

[2] In manchen Fachwissenschaften wird hierbei statt der leeren Klammer ebenfalls das Auslassungszeichen „[...]" gesetzt. Damit wird konsequent dasselbe Zeichen für alle Auslassungen gesetzt – egal, ob nur ein Buchstabe oder ein ganzer Satz ausgelassen wird. Die leere Klammer ist hingegen die schlankere Form, die den Lesefluss weniger unterbricht.

A – Theoretische Vorüberlegungen und Hintergrundwissen

markiert. Hier ist die Begrifflichkeit unumstritten: „Hervorhebung im Original". Sofern mehr als zwei Zeilen zitiert werden, wird das Zitat als sogenanntes ‚Blockzitat' markiert. Blockzitate dienen dazu, dem Leser transparent zu machen, dass eine längere Passage zitiert wird – Anführungszeichen können im Lesefluss schnell übersehen werden. Die formale Gestaltung für Blockzitate kann sich von Fachrichtung zu Fachrichtung unterscheiden. In der Regel erscheint das Blockzitat 1. in einem eigenen Absatz, 2. in einer kleineren Schriftart, 3. links eingerückt – ggf. auch 4. rechts eingerückt und 5. mit geringerem (= einfachem) Zeilenabstand:

> „Ein gebildeter Mensch [...] findet Gegenstände unerschöpflichen Interesses in allem, was ihn umgibt: in den Dingen der Natur, den Werken der Kunst, den Gebilden der Poesie, den Ereignissen der Geschichte, dem Schicksal der Menschheit in Vergangenheit und Gegenwart und ihren Aussichten für die Zukunft." (Mill 2004: 25 f.)

Ob Blockzitate in Anführungszeichen gesetzt werden, ist umstritten. Dafür spricht, dass es direkte Zitate sind und daher die gleichen Regeln gelten. Dagegen spricht, dass sie bereits durch die Einrückung als Zitate markiert sind.

7.3 Indirekte Zitate

Bei indirekten Zitaten, auch Paraphrasen oder Referate genannt, wird der zitierte Originaltext in eigenen Worten wiedergegeben. Wie bei direkten Zitaten ist ein anschließender Quellenverweis unerlässlich. Im Gegensatz zu direkten Zitaten wird dem Quellenverweis ein „vgl." vorangeschoben, um zu verdeutlichen, dass die Aussage nicht exakt im Wortlaut, aber sinngemäß in der Quelle zu finden ist. Da indirekte Zitate nicht durch Anführungszeichen kenntlich gemacht werden, sind sie für den Leser schwerer zu erkennen. Um dennoch die Transparenz zu erhöhen, wird bei indirekten Zitaten im Fließtext ein Verweis auf die Quelle gesetzt:

(9) Gemäß Thiel ist dies ein Beispiel für ein indirektes Zitat (vgl. Thiel 2013: 78).
(10) Gemäß Thiel (2013: 78) ist dies ein Beispiel für ein indirektes Zitat.

Bei der hier verwendeten Harvard-Zitation sind beide Varianten der Quellenangabe in (9) und (10) zulässig: Sofern der Autor bereits im Text benannt wird, kann er – wie in (10) – in dem folgenden Quellenvermerk weggelassen werden. Bei Fußnotenzitation wird der Quellenverweis hingegen immer am Ende der zitierten Aussage gesetzt – in Fall (9) und (10) also am Satzende. Sofern eine längere Textpassage indirekt wiedergegeben wird, gibt es eine zweite Möglichkeit, um ein indirektes Zitat zu markieren. Um nicht in jedem neuen Satz den Autor benennen zu müssen, kann alternativ der Konjunktiv eingesetzt werden:

(11) Laut Thiel werden indirekte Zitate dadurch markiert, dass der Autor des zitierten Gedankens im Fließtext benannt wird (vgl. Thiel 2013: 78). Eine Alternative sei es, den Konjunktiv zu verwenden (vgl. ebd.).

7.4 Quellenverweise zu Zitaten

Die Frage, in welcher Form der Quellenverweis zu Zitaten erscheint, wird in verschiedenen Wissenschaften unterschiedlich beantwortet. Grundsätzlich haben sich drei Zitationssysteme etabliert:

7.4.1 Harvard-Zitation

Bei der Harvard-Zitation, die auch in diesem Band verwendet wird, erscheint der Quellenverweis in Kurzform direkt hinter dem Zitat im Fließtext:

(12) „Zitat" (Thiel 2013: 78). Weiterer Text.

Der Quellenverweis besteht aus a) dem Nachnamen des Autors, b) dem Publikationsjahr, c) der Seitenzahl. Der Quellenverweis wird in runde

Klammern gesetzt. Jahr und Seitenzahl werden mit einem Doppelpunkt abgetrennt. Ob dem Doppelpunkt ein Leerzeichen folgt oder nicht, wird in verschiedenen Disziplinen anders beantwortet. In manchen Disziplinen wird die Auflage als hochgestellte Zahl hinter der Jahreszahl ergänzt: z. B. (Thiel 2013^2: 78).

Die vollständige Literaturangabe ist nur im Literaturverzeichnis zu finden. Allerdings ist der Verweis auf Autor und Jahr i. d. R. so eindeutig, dass das Zitat genau zugeordnet werden kann. Einzige Ausnahme: Sofern zwei Texte desselben Autors aus demselben Jahr zitiert werden, werden diese mittels Kleinbuchstaben ‚durchnummeriert', um einen eindeutigen Verweis zu gewährleisten:

(13) „Zitat von Thiel aus Text a" (Thiel 2013a: 78).
(14) „Zitat von Thiel aus Text b" (Thiel 2013b: 92).

Die Kleinbuchstaben werden in diesem Fall auch im Literaturverzeichnis hinter die Jahreszahl gesetzt, damit eine eindeutige Zuordnung für den Leser möglich ist. Der Quellenverweis wird i. d. R. direkt hinter das letzte Anführungszeichen des Zitates gesetzt:

(15) Laut Thiel (2013: 78) wird hier „kein ganzer Satz zitiert" (ebd.).
(16) „Hier wird ein ganzer Satz zitiert." (Thiel 2013: 78)
(17) „Hier wird ein ganzer Satz zitiert, allerdings ohne den Punkt am Ende" (Thiel 2013: 78).

Sofern – wie in (15) – das Satzzeichen nicht zitiert wird, taucht es hinter dem Quellenverweis auf. In (16) erscheint der Verweis hingegen außerhalb des Satzes und damit ohne ein erneutes Satzzeichen. Aus ästhetischen Gründen kann alternativ zu (16) die Variante (17) gewählt werden. Das „ebd." in (15) steht für „ebenda". Das „ebd." kann verwendet werden, um nicht immer wieder dieselbe Quelle angeben zu müssen: Es verweist auf die letztgenannte Quellenangabe im Text. Sofern es sich um dieselbe Quelle, aber um eine andere Seitenzahl handelt, kann dem „ebd." eine neue Seitenzahl folgen:

(18) „Zitat aus einem Text" (Thiel 2013: 78).
„Weiteres Zitat aus demselben Text" (ebd.).
„Noch ein Zitat aus demselben Text, aber von einer anderen Seite" (ebd.: 79).

Bei der Verwendung des „ebd." im Schreibprozess ist Vorsicht geboten: Sofern nachträglich eine andere Quelle eingefügt wird, bezieht sich das folgende „ebd." ggf. nicht mehr auf die richtige Quelle.

7.4.2 Fußnoten-Zitation

Bei der Fußnoten-Zitation, auch europäische Zitation oder Chicago-Zitation genannt, erscheint der Quellenverweis – wie der Name schon sagt – nicht im Fließtext, sondern in der Fußnote. Hierbei ist es üblich, dass bei der ersten Nennung der Quelle die vollständige Literaturangabe gegeben wird.[3] Sofern im Folgenden derselbe Text zitiert wird, kann – analog zur Harvard-Zitation – „ebenda" verwendet werden.[4] Ab der zweiten Nennung kann eine Kurzform der Literaturangabe folgen. Hierzu haben sich in den Disziplinen, die per Fußnote zitieren, unterschiedliche Varianten etabliert:

(19) Nachname, *Titel*, S. 78.
(20) Nachname, a.a.O., S. 78.
(21) Nachname, *Titel*, a.a.O., S. 78.

Das „a.a.O." steht für „am angegebenen Ort" und verweist damit auf eine bereits genannte vollständige Literaturangabe. In einigen Disziplinen reicht es aus, entweder den Titel oder das „a.a.O." anzugeben. In anderen Disziplinen wird beides kombiniert genannt. Gegebenenfalls wird zusätzlich noch das Publikationsjahr ergänzt. Untertitel, Ort und Verlag werden in der Kurzform i.d.R. ausgespart.

Grundsätzlich besteht die Möglichkeit, auch eine eigene Kurzform bei der Zitation festzulegen, sofern diese nach der ersten Nennung der

---

[3] *Beispiel:* Nachname, Vorname des Autors: Titel. Untertitel. Auflage. Ort: Verlag, Jahr. S. 78.
[4] *Beispiel:* Ebd. *oder* Ebd., S. 79.

A – Theoretische Vorüberlegungen und Hintergrundwissen

vollständigen Literaturangabe deutlich definiert wird: „Im Folgenden abgekürzt durch: [...]".

7.4.3 Endnoten-Zitation

Bei der Endnoten-Zitation gibt es zwei verschiedene Varianten: Die erste Variante unterscheidet sich von der Fußnoten-Zitation nur dadurch, dass die Quellenangaben nicht am Ende der Seite, sondern am Ende der Arbeit auftauchen. Es gelten aber alle oben genannten Regeln. Diese Variante ist seit der weiten Verbreitung von Computern mit Textverarbeitungsprogrammen aus der Mode gekommen: In Zeiten, in denen wissenschaftliche Arbeiten primär mit Schreibmaschinen geschrieben wurden, waren Endnoten eine Arbeitserleichterung für den Verfasser. Mit Textverarbeitungsprogrammen sind Fußnoten aber schnell gesetzt, sodass sie – mit Blick auf den Leser, dem das Nachblättern erspart bleibt – Endnoten vorzuziehen sind. Die zweite Variante ist primär in ingenieurswissenschaftlichen Disziplinen zu finden: Hier werden alle Quellen im Literaturverzeichnis nummeriert, sodass im Text per Endnote auf die entsprechende Quelle verwiesen werden kann. Im Gegensatz zu den Fußnoten, die fortlaufend – also eine Fußnote pro Zitat – nummeriert werden, kann es bei Endnoten vorkommen, dass die im Text genannten Verweise durcheinander stehen. Beispiel:

(22) *Beispiel Fußnoten:* „Zitat aus Quelle 1."[1] „Zitat aus Quelle 2."[2] „Erneutes Zitat aus Quelle 1."[3[1]]

(23) *Beispiel Endnoten:* „Zitat aus Quelle 1."[1] „Zitat aus Quelle 2."[2] „Erneutes Zitat aus Quelle 1."[1[1]]

Da diese Form der Endnoten-Zitation – im Vergleich zur Harvard- und Fußnoten-Zitation – in den möglichen zukünftigen Studienfächern der Schüler eher selten vertreten ist, empfiehlt es sich, im schulischen Kontext – je nach Fach – eher die Harvard- oder Fußnoten-Zitation zu lehren. Weiterhin ist bei dieser Variante problematisch, dass Seitenzahlen der zitierten Literatur nicht angegeben werden, da jede Endnote sich nur auf *eine* Literaturangabe im Verzeichnis bezieht: Der Quellenverweis ist damit weniger eindeutig.

7.5 Literaturangaben im Literaturverzeichnis

Wenngleich Literaturangaben in den einzelnen wissenschaftlichen Disziplinen sehr unterschiedlich aussehen können, so herrscht Einigkeit über ihren Zweck: Sie sollen dem Leser ermöglichen, das zitierte Werk zu finden. Je mehr bibliografische Informationen gegeben werden, desto leichter kann das Werk gefunden werden und desto höher ist der Garant, dass es sich auch um den Text handelt, aus dem letztlich zitiert wurde.

(24) *Beispiel:* Bei der Literaturangabe „Shakespeare: Hamlet" fehlen z. B. zahlreiche Informationen: a) Der „Hamlet" wurde unter demselben Titel in zahlreichen Sprachen publiziert. Um welche Version handelt es sich hier? b) Der Text wurde seit seiner Erstveröffentlichung 1603 in zahlreichen Auflagen publiziert. Um welche Ausgabe handelt es sich? c) Es ist denkbar, dass es einen Anglisten namens Shakespeare gibt, der eine wissenschaftliche Monografie namens „Hamlet" zu der Tragödie seines Namensvetters geschrieben hat. Handelt es sich nun um den Primärtext oder einen Sekundärtext? etc.

Um solche Zweifelsfälle zu vermeiden und eindeutig auf einen Text verweisen zu können, ist es in der Wissenschaft Konvention, mindestens folgende bibliografische Angaben bei Monografien zu machen:

Fußnote (25) Autorenname, Vorname: Titel. Alle Untertitel. Auflage. Publikationsort, Jahr.

Harvard (26) Autorenname, Vorname (Jahr): Titel. Alle Untertitel. Auflage. Publikationsort.

(27) Autorenname, Vorname (Jahr[Auflage]): Titel. Alle Untertitel. Publikationsort.

Bei der Reihenfolge der einzelnen Angaben ist man sich weitgehend einig. Lediglich bei der Position des Publikationsjahres und der Auflage gibt es verschiedene Varianten: Die Auflage wird entweder – wie in (25) und (26) nach dem Untertitel genannt oder aber als hochgestellte

7. Zitate

Zahl nach dem Publikationsjahr – wie in (27). Die Auflage wird erst ab der zweiten Auflage benannt. Das Jahr wird entweder ans Ende der Literaturangabe gesetzt (tendenziell eher bei der Fußnoten-Zitation) oder erscheint in runden Klammern nach dem Autorennamen (tendenziell eher bei der Harvard-Zitation).

In verschiedenen Disziplinen wird zusätzlich der Verlag benannt. Dieser erscheint in der o. g. Reihenfolge entweder vor oder nach dem Publikationsort. In einzelnen Fachbereichen ist zudem die Benennung des Übersetzers notwendig. Bei literarischen oder philosophischen Werken macht es z. B. einen deutlichen Unterschied, welche Übersetzung verwendet wird.

Unterschiedlich wird die formale Gestaltung der Literaturangaben gehandhabt. Es gibt z. B. verschiedene Varianten, welche Interpunktionszeichen zwischen den einzelnen Angaben gesetzt werden. Der Autorenname wird z. T. in Kapitälchen gedruckt, der Titel z. T. kursiv, der Vorname des Verfassers wird z. T. abgekürzt. In der Regel wird die zweite Zeile einer Literaturangabe eingerückt.

Um mehr Transparenz bei all den verschiedenen Varianten zu schaffen, wird in der folgenden Tabelle herausgestellt, was bei Literaturangaben obligatorisch ist und was sich von Fachdisziplin zu Fachdisziplin, aber auch von Verlag zu Verlag oder von Professor zu Professor unterscheiden kann:

Interdisziplinär obligatorische Konventionen in Literaturangaben	Fachspezifische Abweichungen und individuelle Geschmäcker
Verbindliche Basisdaten: Name, Vorname: Titel. Alle Untertitel. Auflage (ab der 2ten Aufl.). Ort, Jahr.	**Mögliche Ergänzungen:** Name, Vorname: Titel. Alle Untertitel. Auflage. Übersetzer. Ort: Verlag, Jahr.
Reihenfolge: Version 1: Name, Vorname: Titel. Alle Untertitel. Auflage. Ort, Jahr. Version 2: Name, Vorname (Jahr^{Auflage}): Titel. Alle Untertitel. Ort.	**Welche Interpunktionszeichen? Formatierung:** (a) AUTORENNAME IN KAPITÄLCHEN? (b) Vorname des Autors abgekürzt? (c) *Titel kursiv gedruckt*? (d) Zweite Zeile der Literaturangabe eingerückt?

Die bisherigen Informationen und Beispiele bezogen sich allesamt auf Monografien. Zuletzt seien noch einige Besonderheiten benannt, die bei anderen Publikationsformen auftauchen[5]:

1. Monografie mit Herausgeber

Bei Monografien gibt es in vielen Fällen keinen Herausgeber. Falls es doch einen Herausgeber gibt, wird dieser nach dem Untertitel benannt:

(28) Nachname des Autors, Vorname: Titel. Untertitel. Herausgegeben von ‚Name des Herausgebers'. Übersetzt von ‚Name des Übersetzers'. Auflage (ab der 2ten). Ort: Verlag, Jahr.

2. Sammelband (als Ganzes)

Sofern ein Sammelband als eigenständiges Buch zitiert wird (und nicht nur ein Aufsatz daraus), unterscheidet sich die Literaturangabe nur geringfügig von der Angabe einer Monografie: Statt des Autors wird zu Beginn der Herausgeber benannt, der als solcher mit „(Hrsg.)" (oder „Hg.") gekennzeichnet wird:

(29) Nachname des Herausgebers, Vorname (Hrsg.): Titel des Sammelbandes. Untertitel. Auflage (ab der 2ten). Ort: Verlag, Jahr.

3. Aufsatz im Sammelband

Sofern ein spezieller Aufsatz aus einem Sammelband zitiert wird (was häufiger vorkommt als der vorher genannte Fall), werden vor den Angaben des Sammelbandes der Autorenname und der Aufsatztitel genannt:

(30) Nachname des Autors, Vorname: Titel des Aufsatzes. Untertitel des Aufsatzes. In: Nachname des Herausgebers, Vorname (Hrsg.): Titel des Sammelbandes. Untertitel. Auflage (ab der. 2ten). Ort: Verlag, Jahr. S. X–Y.

---

[5] Bei den folgenden Beispielen wird jeweils nur eine Variante gewählt. Die in der Tabelle genannten Abweichungen in Bezug auf Reihenfolge, Interpunktion und Formatierung sind möglich.

A – Theoretische Vorüberlegungen und Hintergrundwissen

Das „In" wird in manchen Fachrichtungen auch weggelassen. Es ist jedoch ein deutlicher Hinweis darauf, dass es sich hier um einen Text handelt, der nicht eigenständig publiziert wurde. Anders als bei selbstständigen Publikationsformen[6] werden bei Aufsätzen im Literaturverzeichnis auch die Seiten angegeben, auf denen der Aufsatz zu finden ist.

Bei der Harvard-Zitation wird bei der Literaturangabe zu Aufsätzen in Sammelbänden das Jahr zweimal angegeben: einmal für den Aufsatz, einmal für den Sammelband. Dies kann z. B. relevant sein, wenn der Aufsatz älter ist als der Sammelband (z. B. bei einem Sammelband, der Klassikertexte abdruckt):

(31) Nachname des Autors, Vorname (Jahr): Titel des Aufsatzes. Untertitel des Aufsatzes. In: Nachname des Herausgebers, Vorname (Hrsg.) (Jahr): Titel des Sammelbandes. Untertitel. Auflage (ab der. 2ten). Ort: Verlag, Jahr. S. X–Y.

4. Aufsatz in einer wissenschaftlichen Zeitschrift

Aufsätze in Zeitschriften werden nach dem gleichen Prinzip angegeben wie Aufsätze in Sammelbänden. Der wesentliche Unterschied ist, dass bei Zeitschriften i. d. R. kein Herausgeber notiert wird, stattdessen aber der Jahrgang und die Heftnummer:

(32) Nachname des Autors, Vorname: Titel des Aufsatzes. Untertitel des Aufsatzes. In: *Name der Zeitschrift* Jahrgang (Heft/Jahr). S. X–Y.

Der Titel von Zeitschriften wird regulär kursiv gesetzt.

5. Internetquellen

Bei der Verwendung von Internetquellen gilt es, zwei Dinge zu beachten: 1. Es ist denkbar, dass die Seiteninhalte verändert oder gelöscht werden. Es wird daher das Datum der letzten Abrufung durch den Verfasser notiert, um dem Leser kenntlich zu machen, wie wahrscheinlich eine Veränderung/Löschung der Seite seit dem Zugriff des Autors ist. 2. Zumindest für Fach- und Studienarbeiten ist es notwendig, einen Ausdruck der Internetquelle der Arbeit beizufügen. Auf diese Weise kann der Seiteninhalt nachvollzogen werden, auch wenn die Seite mittlerweile verändert/gelöscht wurde.

Das Internet ist – im Vergleich zum Buch – noch relativ jung (und als zitierfähige Quelle weiterhin umstritten), sodass es keine allgemeingültigen Konventionen zu Quellenangaben aus dem Internet gibt. Geläufig ist aber die folgende Form:

(33) Nachname, Vorname (Jahr): Titel. Untertitel. Online publiziert: http://www.kompletter-link.de/ - Letzter Zugriff: Datum. [Ein Ausdruck dieser Quelle findet sich im Anhang auf Seite X.]

Sofern Autor und Titel unbekannt sind, kann dies durch „o. V." (= „ohne Verfasser"), „Anonym verfasst" oder „Ohne Titel" gekennzeichnet werden. Es ist hierbei jedoch kritisch zu prüfen, ob anonym publizierte Quellen wissenschaftlichen Ansprüchen genügen. Als Quelle für wissenschaftliche Texte ist das Internet in vielen Fällen nicht geeignet. Als Untersuchungsgegenstand können hingegen alle Internetseiten herangezogen werden.

---

[6] Dass bei selbstständigen Publikationsformen keine Seitenzahlen angegeben werden, gilt ausschließlich für das Literaturverzeichnis: Bei dem jeweiligen Zitat im Text wird hingegen immer die Seite angeben, auf der das Zitat zu finden ist.

7. Zitate

B – Praktische Anregungen

7-01	Trennung von eigenen und fremden Gedanken in wissenschaftlichen Texten
Ziele	• Sensibilisierung für die Notwendigkeit des korrekten Zitieren • Einführung in das Thema: alle Teilaspekte werden strukturiert vorgestellt
Vorgehen	❶ Die Schüler beantworten im Lehrgespräch die Frage, warum Zitieren überhaupt notwendig ist (Anregungen: vgl. Kap. 7.1). ❷ An der Tafel (oder per Beamer) wird in einer Concept-Map (vgl. Novak 1998) dargestellt, wie a) eigene Gedanken in Abgrenzung von b) direkten und c) indirekten Zitaten markiert werden (vgl. Abbildung unten). ❸ Die Schüler erhalten einen Text als Kopie, in dem sie während einer Einzelarbeitsphase a) die eigenen Gedanken des Autors, b) direkte Zitate und c) indirekte Zitate in drei verschiedenen Farben markieren (Beispieltext s.u.). ❹ Im Lehrgespräch werden die Ergebnisse dieser Analyse verglichen und besprochen. Hierbei kann bereits auf verschiedene formale Aspekte des Zitierens verwiesen werden, die in dem Beispieltext auftauchen.
Varianten	Der Beispieltext kann natürlich ein beliebiger wissenschaftlicher Text sein. Es ist allerdings schwierig, einen kurzen Textauszug zu finden, der alle Besonderheiten des Zitierens enthält. Aus diesem Grund handelt es sich bei dem hier abgedruckten Text um einen selbstverfassten und fiktiven Text.
Materialbedarf	Tafelbild oder Beamer-Präsentation: s.u. (siehe CD 7.01) Beispieltext: (siehe CD 7.01)
ungefährer Zeitaufwand	Lehrgespräch (zur Notwendigkeit des Zitierens): ca. 5 min. Lehrvortrag (zur Concept-Map): ca. 5–8 min. Einzelarbeit: 5 min. Lehrgespräch (Ergebnissicherung): 10–15 min. Gesamt: 25–33 min.

Tafelbild zu 7-01: Trennung von eigenen und fremden Gedanken in wissenschaftlichen Texten

B – Praktische Anregungen

Beispieltext zu 7-01: Fiktiver Text zur Illustration des direkten und indirekten Zitierens[7]

Die „Fuß-Hirn-Korrelation" (Schuhmacher 2010: 42) wird seit Zehmann (1995) kontrovers diskutiert. Entgegen älterer Forschungspositionen (vgl. Schnür/Senkel 1979, auch Turnschuh 1985b) stellt Zehmann die Hypothese auf, dass es einen direkten Zusammenhang zwischen der Größe des Fußes und dem Gehirnvolumen eines Menschen gibt. Das Hirn von Menschen mit großen Füßen sei grundsätzlich größer als das Hirn von Menschen mit kleinen Füßen. (vgl. Zehmann 1995: 86ff.) Sandale merkt kritisch an, dass „groß und klein […] <u>keine</u> klar definierten Begriffe [sind] und die Ergebnisse seiner [= Zehmanns] Studie […] daher anzuzweifeln [sind]" (Sandale 1996: 57, Hervorhebung in Original). Ohne eine „klar definierte Studie" (ebd.) blieben Zehmanns Ergebnisse daher nicht valide. Wenn die Prämisse nicht stimme, könne auch das Ergebnis nicht stimmen (vgl. ebd.: 58).

Ein genauerer Blick zeigt jedoch, dass Sandales Kritik an Zehmanns Methodik nicht gerechtfertigt ist: Zehmann hebt eindeutig hervor, dass er sich der „definitorische[n] Schwierigkeit" (Zehmann 1995: 15) bewusst ist. In diesem Fall sei „[a]usnahmsweise" (ebd.: 16) eine Verwendung dieser Relationsgrößen aber möglich, wie auch Schuhmacher feststellt:

> ‚Größer' und ‚kleiner' sind grundsätzlich keine wissenschaftlichen Begriffe, wenn ihnen die Bezugsgröße fehlt. Zehmann verwendet diese Begriffe aber mit einer klaren Bezugsgröße: der Korrelation der Ausprägung beider Körperteile auf einer Skala […]. (Schumacher 2010: 107)

7-02	Markieren von Veränderungen in Zitaten
Ziele	• Erlernen von Zitationstechniken • Sensibilisierung für wissenschaftliche Akribie
Vorgehen	An der Tafel wird eine Tabelle mit zwei Spalten gezeichnet (s.u.). In der linken Spalte werden fiktive Beispielsätze notiert, die in der rechten Spalte zitiert werden sollen. Im Lehrgespräch werden die Schüler mittels Leitfragen angeleitet, selbstständig eine Lösung dafür zu finden, wie Veränderungen in Zitaten markiert werden können. Beispiele: *„Was machen wir, wenn wir nun den gesamten Satz zitieren wollen, aber diese zwei Wörter dabei weglassen wollen? | Hier haben wir eine Formulierung im Akkusativ, die wir zitieren wollen. In unserem Satz passt aber kein Akkusativ, sondern nur ein Nominativ. Wir müssen also ‚den sonnigen Park' in ‚der sonnige Park' umändern. Hat jemand eine Idee, was man hier machen kann? […]"*
Varianten	Um das erlernte Wissen einzutrainieren, kann an das Lehrgespräch eine Partner-/Gruppenarbeit oder eine Hausaufgabe angeschlossen werden. Ein Arbeitsblatt hierzu findet sich auf CD.
Tafelbild	siehe unten

Originaltext	Zitat
Felix, ein Oberstufenschüler, mag Pizza.	„Felix […] mag Pizza." (Autor 2012: 12)
Anja mag den sonnigen Park. Es ist ihr Lieblingsplatz zum Lesen.	„[D]e[r] sonnige[] Park" sei der „Lieblingsplatz" (ebd.) von Anja.
Abdel mag auch Piza.	„Abdel mag auch Piza [sic!]." (ebd.)
Er mag sie mit Mozzarella.	„Er [Abdel] mag sie [die Pizza] mit Mozzarella." (ebd.)
Kira möchte Germanistik studieren, da sie sich für Sprache interessiert.	„Kira [interessiert] […] sich für Sprache", daher „[möchte] [sie] Germanistik studieren" (ebd.).
Dies ist *wichtig*.	„Dies ist *wichtig*." (ebd., Hervorhebung im Original)
Dies ist wichtig.	„Dies ist *wichtig*." (ebd., Hervorhebung von mir)

---

[7] Auf der CD findet sich dieser Text auch mit Fußnoten-Zitation und fiktiven Quellenangaben.

7. Zitate

Materialbedarf	Tafelbild: s.o. ggf. Arbeitsblatt: siehe auch CD
ungefährer Zeitaufwand	ca. 15 min.

7-03	Quellenverweise zu Zitaten
Ziele	• Erlernen von Zitationstechniken • Sensibilisierung für wissenschaftliche Akribie
Vorgehen	Mittels eines Tafelbildes (s.u.) wird *wahlweise* die Fußnoten-Zitation (vgl. Kap. 7.4.2) oder die Harvard-Zitation (vgl. Kap. 7.4.1) erläutert. Im Lehrgespräch können die Schüler sich bei der Erarbeitung beteiligen und/oder Nachfragen stellen. Beispiel: *„[...] Mit dem Ebenda können wir also markieren, dass wir aus demselben Text zitieren, der zuvor genannt wurde. Aber was machen wir nun, wenn das Zitat von einer anderen Seite stammt als das letzte? Hat hier jemand eine Idee? [...]"*
Tafelbild (Fußnoten-Zitation)	„Zitat aus Text **A**"[1] „weiteres Zitat aus Text **A**"[2] „weiteres Zitat aus Text **A**, aber von einer anderen Seite"[3] „Zitat aus Text **B**"[4] „erneutes Zitat aus Text **A**"[5] _____ [1] Musterfrau, Martina: Titel Text A. Untertitel. Auflage. Ort: Verlag, Jahr. S. X. [2] Ebd. [3] Ebd., S. Y. [4] Mustermann, Max: Titel Text B. Untertitel. Auflage. Ort: Verlag, Jahr. S. X. [5] Musterfrau, a. a. O., S. Z.
Tafelbild (Harvard-Zitation)	„Zitat aus Text **A**" (Musterfrau 2013: 14) „weiteres Zitat aus Text **A**" (ebd.) „weiteres Zitat aus Text **A**, aber von einer anderen Seite" (ebd.: 15) „Zitat aus Text **B**" (Mustermann 2007: 53) „erneutes Zitat aus Text **A**" (Musterfrau 2013: 15)
Materialbedarf	Tafelbild: s.o.
ungefährer Zeitaufwand	ca. 15 min.

7-04	Literaturangaben
Ziele	• Erlernen von Zitationstechniken • Unterscheidung verschiedener Publikationsformen
Vorgehen	❶ Die Schüler werden in Kleingruppen (3–4 pro Gruppe) eingeteilt. Jede Gruppe erhält ein Arbeitsblatt (Beispiele auf CD), auf dem verschiedene bibliographische Angaben (durcheinander) zu finden sind. ❷ In den Gruppen versuchen die Schüler aus den einzelnen Angaben korrekte Literaturangaben zusammenzusetzen. (In der Regel haben Oberstufenschüler in verschiedenen Kontexten bereits Literaturangaben gesehen, sodass die Aufgabe ohne Vorwissen zu bewältigen ist.) Die fertigen Angaben notieren die Schüler auf Overhead-Folie (alternativ auf Flip-Chart-Bögen oder an der Tafel). ❸ Im Plenum werden die Literaturangaben gemeinsam besprochen. Korrekturen in Reihenfolge und Interpunktion der Angaben werden vorgenommen (vgl. Kap. 7.5).
Materialbedarf	Arbeitsblatt: auf CD 7.04 OHP-Folien & Folienstifte (alternativ Flip-Chart-Bögen & Marker oder Tafel)
ungefährer Zeitaufwand	Gruppenarbeit: 8–10 min. Ergebnissicherung: 10–15 min. Gesamt: 18–25 min.

A – Theoretische Vorüberlegungen und Hintergrundwissen

8. Aufbau und formale Aspekte wissenschaftlicher Arbeiten

A – Theoretische Vorüberlegungen und Hintergrundwissen

8.1 Relevanz des Themas

Für die Notwendigkeit formaler Konventionen bei wissenschaftlichen Texten gibt es verschiedene Begründungen: 1. Einige Konventionen lassen sich direkt aus den wissenschaftlichen Gütekriterien ableiten. Dass es in wissenschaftlichen Arbeiten z. B. eine Einleitung oder ein Literaturverzeichnis gibt, liegt in dem Gütekriterium der Transparenz begründet. 2. Andere Konventionen sind eher durch den Anspruch nach Vergleichbarkeit von Schul-/Studienleistungen zu begründen (z. B. Schriftgröße, Zeilenabstand, Umfang der Arbeit). 3. Und wieder andere Konventionen finden ihren Ursprung im Kontext, in dem die jeweilige Arbeit verfasst wird: z. B. Präferenzen bei der Korrektur von Fach-/Studienarbeiten (Korrekturrand), Präferenzen einer Fachdisziplin oder eines Verlages (Zitationssystem), ästhetische Präferenzen des Lesers (Schriftart), fachspezifische Anforderungen (z. B. gesondertes Verzeichnis von Gesetzestexten), didaktische oder juristische Gründe bei Schul-/Studienleistungen (Eigenständigkeitserklärung). Dadurch, dass diese formalen Konventionen auf so unterschiedliche Weise gewachsen sind, gelten einige formale Vorgaben z. T. nur in einigen Bundesländern, z. T. nur an einigen Schulen/Hochschulen, z. T. nur in einigen Studien-/Schulfächern. Ziel dieses Kapitels ist es, einen möglichst interdisziplinär und überregional gültigen Überblick zu formalen Aspekten zu bieten, der gleichermaßen für Fach- als auch für Studienarbeiten anwendbar ist.

8.2 Aufbau wissenschaftlicher Arbeiten

Im Folgenden werden **allgemein obligatorische** (fett markiert) und *kontextabhängige* (kursiv) Bestandteile wissenschaftlicher Arbeiten aufgelistet. Die Reihenfolge der Aufzählung entspricht der Reihenfolge der Elemente in der fertigen Arbeit:

Deckblatt/Titelblatt	**A. Angaben zu den Rahmenbedingungen der Arbeit**
	• *Position*: meist oben links oder zentriert
	• Angaben:
	  Name der Schule/Hochschule,
	  Name des Schulfachs/der Fakultät/des Fachbereichs,
	  ggf. *Art und Name der Veranstaltung* (zu der die Arbeit geschrieben wurde),
	  das *Schuljahr/Semester* (in dem die Arbeit geschrieben wurde),
	  Name des betreuenden Lehrers/Dozenten/Prüfers
	
	B. Titel und Untertitel
	• *Position*: meist zentriert in der Mitte der Seite
	• *bei Abschlussarbeiten zusätzlich:* „Bachelorarbeit", „Masterarbeit"
	
	C. Eigene Angaben
	• *Position*: meist unten rechts.
	• Angaben:
	  eigener Name, *Studiengang, ggf. Fachsemester, Anschrift, Telefonnummer, E-Mail-Adresse, Matrikelnummer, ggf. Geburtsdatum und -ort.*

8. Aufbau und formale Aspekte wissenschaftlicher Arbeiten

ggf. Widmung / Vorwort ggf. Abbildungsverzeichnis ggf. Abkürzungsverzeichnis	• bei Fach-/Studienarbeiten eher selten • Das Vorwort enthält – im Gegensatz zur Einleitung – Informationen, die inhaltlich nicht zur wissenschaftlichen Arbeit gehören (z. B. Dankesworte).
Inhaltsverzeichnis	• Kapitelnummerierung nach Dezimalsystem (1., 1.1, 1.2 [...]), Namen der Kapitel und Unterkapitel, Seitenzahlen
Einleitung	Beantwortet die Fragen: **A. Was?** • Hinführung zum Thema • Benennung der Forschungsfrage/Problemstellung/Hypothese • Eingrenzung des Themas (Was wird untersucht und was nicht?) • Ziel der Arbeit **B. Wie?** • Benennung der Grobstruktur und Vorgehensweise • ggf. Benennung der Methoden **C. Warum?** • Warum diese Struktur? • Warum diese Literaturauswahl? • Warum diese Methode? • [...]
Hauptteil	• die eigentliche Untersuchung • gegliedert in Kapitel und Unterkapitel
Schlussteil	Je nach Fachrichtung unterschiedlich: • Beantwortung der Forschungsfrage • Verifizierung/Falsifizierung der Hypothese • Zusammenfassung der Ergebnisse • Ausblick auf weitere Forschung • eigene Reflektion der Ergebnisse
Literaturverzeichnis	• alphabetische Sortierung (nach Nachnamen der Autoren) aller Literatur, die direkt oder indirekt zitiert wurde Je nach Fachrichtung auch zusätzlich sortiert nach: • Primär-/Sekundärliteratur (Literaturwissenschaft/-unterricht) • (historische) Quellen/(wissenschaftliche) Literatur (Geschichtswissenschaft/-unterricht) • Gedruckte Literatur/Internetquellen • Gesetzes-/Urteilsverzeichnis (Jura, Wirtschaftswissenschaft, Gesellschaftswissenschaftliche Schulfächer)
ggf. Register/Glossar	• alphabetisches Schlagwortverzeichnis mit Seitenverweisen • für Fach-/Studienarbeiten in der Regel nicht notwendig
Eigenständigkeitserklärung	Eidesstattliche Versicherung, dass ... • 1. die Arbeit komplett selbst verfasst wurde • 2. alle wörtlichen oder sinngemäßen Übernahmen aus anderen Texten als direkte oder indirekte Zitate markiert wurden • 3. keine weiteren Hilfsmittel als die im Literaturverzeichnis benannten verwendet wurden • Unterzeichnet mit Ort, Datum und Unterschrift • in verschiedenen Studienfächern üblich, in Facharbeit je nach Schule/Bundesland
Anhang	Ein Anhang kann z. B. dazu dienen ... • das Korpus gewonnener empirischer Daten (z. B. Gesamtauswertung einer eigenen empirischen Studie) zu präsentieren • Ausdrucke der verwendeten Internetquellen beizufügen Ein eigenes Inhaltsverzeichnis und eine eigene Seitennummerierung sind sinnvoll.

A – Theoretische Vorüberlegungen und Hintergrundwissen

ggf. digitale Version der Arbeit	An einigen Schulen/in einigen Studienfächern ist es obligatorisch, die Arbeit zusätzlich in digitaler Version (per E-Mail-Anhang, CD-Rom, USB-Stick) beizufügen. Eine digitale Version erleichtert bei einem Plagiatsverdacht die Überprüfung von Internetquellen.

8.3 Formatierung wissenschaftlicher Arbeiten

Schriftart	Die Wahl der Schriftart ist i.d.R. freigestellt. Die Schriftart orientiert sich aber in ihrer Schlichtheit an „Cambria", „Calibri", „Arial" oder „Times New Roman". In der Arbeit wird kontinuierlich die gleiche Schriftart verwendet. Lediglich Überschriften dürfen (müssen aber nicht) abweichen.
Schriftgröße	<ul><li>für den Fließtext: je nach Schriftart Schriftgröße 11–12</li><li>für Überschriften: sichtbar etwas größer als der Fließtext: 12–14</li><li>für Blockzitate und Fußnoten: sichtbar etwas kleiner als der Fließtext: 9–10</li></ul>
Überschriften	Überschriften werden durch **Fettdruck** und größere Schriftart hervorgehoben.
Kapitelnummerierung	<ul><li>nach dem Dezimalsystem: 1. / 1.1 / 1.2 / 2. / […]</li><li>nach einem Oberkapitel „1." folgt i. d. R. ein Punkt, nach einem Unterkapitel „1.1" i. d. R. kein Punkt – hiervon gibt es aber Abweichungen!</li><li>Regel: Wer „1.1" sagt, muss auch „1.2" sagen (sonst ist Kapitel „1.1" bereits „2.")!</li><li>Grobgliederung kann durch römische Zahlen deutlich gemacht werden</li></ul>
Fließtext	Der Fließtext wird mit 1,5-fachem Zeilenabstand präsentiert. In der Regel wird Blocksatz verwendet, seltener wird der Text linksbündig formatiert, niemals jedoch zentriert oder rechtsbündig. Inhaltliche Sinnabschnitte werden auch visuell deutlich gemacht. Hierfür gibt es zwei Möglichkeiten: 1. Entweder wird eine Leerzeile zwischen die Abschnitte gesetzt (bei größeren gedanklichen Sprüngen) oder 2. es wird zu Beginn des neuen Abschnittes ein Tabulator (vgl. Beginn dieses Absatzes: Einrückung vor dem „Inhaltliche […]") gesetzt (bei kleineren gedanklichen Sprüngen).
Beispiele/ Definitionen/ Übersetzungen/ objekt-sprachliche Begriffe/Buchtitel	Beispiele werden in runden Klammern durchnummeriert (vgl. (1)). Begriffe, die definiert (vgl. (2)), übersetzt (vgl. (3)) oder in ihrer Funktion als Begriff (vgl. (4)) [d.h. nicht in ihrer Bedeutung (vgl. (5))] verwendet werden, werden in einfachen, oberen Anführungszeichen markiert. Bei Übersetzungen wird der Originalbegriff kursiv gedruckt (vgl. (3)). Buchtitel werden durch doppelte Anführungszeichen oder durch Kursivdruck markiert (vgl. (6)). Beispiele dazu: (1) So werden Beispiele präsentiert. (2) ‚Definition' bedeutet […]. (3) Das englische Wort *table* bedeutet ‚Tisch'. (4) Der Begriff ‚Wort' besteht aus vier Buchstaben. (= ‚Wort' wird hier objektsprachlich verwendet (d.h. in seiner Funktion als Begriff)) (5) *Aber[!]:* Ein gutes Wort hört jeder gern. (= hier wird ‚Wort' in seiner Bedeutung verwendet) (6) In der „Kritik der reinen Vernunft" beschreibt Kant […]. *Oder:* In *Über die Freiheit* untersucht Mill […].
Seitenränder	Für Seitenränder gibt es keine einheitlichen Vorgaben. Orientierungshilfe:<ul><li>oben und unten 2–3 cm</li><li>links 2,5 cm</li><li>rechts 2 cm</li><li>falls ein Korrekturrand gewünscht wird: 4–5 cm an der linken oder rechten Seite</li></ul>
Zitate	Direkte Zitate werden in doppelten Anführungszeichen wiedergegeben. Zu allen direkten und indirekten Zitaten wird grundsätzlich die Quelle benannt (per Fußnote oder Harvard-Zitation). Längere Zitate (ab drei Zeilen) werden als Blockzitate wiedergegeben: eingerückt, kleinere Schriftgröße, 1-facher Zeilenabstand (vgl. Kap. 7).

8. Aufbau und formale Aspekte wissenschaftlicher Arbeiten

Seitenzählung	Deckblatt und Eigenständigkeitserklärung werden nicht als Seiten gezählt. Die Zählung beginnt bei Fach-/Studienarbeiten gewöhnlich mit der Einleitung als Seite 1.[8] Vorherige Bestandteile (vgl. Kap 8.2) werden ggf. mit römischen Zahlen paginiert. Seitenzahlen werden bei Fach/Studienarbeiten i.d.R. oben rechts angegeben (Abweichungen sind aber möglich).
Papierformat, Druck und Heftung	Bei Fach-/Studienarbeiten gilt: • Papierformat: DIN A4, 80–100 Gramm, nur einseitig bedruckt • Heftung legt die Lehrperson/der Prüfer fest: z.B. Klemmmappe, Schnellhefter, oben links geheftet Bei akademischen Studienabschlussarbeiten gelten hingegen die Bestimmungen des jeweiligen Prüfungsamtes der Fakultät. Hier ist oft eine gebundene Fassung erwünscht.

B – Praktische Anregungen

8-01	Übung ‚Aufbau und formale Aspekte wissenschaftlicher Arbeiten'
Ziel	• Erlernen der formalen und strukturellen Aspekte wissenschaftlicher Arbeiten
Vorgehen	❶ Alle Schüler erhalten ein Handout (Druckvorlage auf CD 8.01), das Informationen zu Aufbau und formalen Aspekten wissenschaftlicher Arbeiten enthält. ❷ Die Klasse/der Kurs wird in Kleingruppen (3–4 Teilnehmer pro Gruppe) eingeteilt. Jede Gruppe erhält einen individuellen Arbeitsauftrag (Druckvorlage auf CD 8.01) und bearbeitet einen Teilaspekt des Themas (z.B. Deckblatt, Einleitung). Die Ergebnisse werden auf OHP-Folie oder auf Flip-Chart notiert. ❸ In Kurzpräsentationen stellen die Gruppen ihr jeweiliges Thema dem gesamten Kurs vor (max. 3 min. pro Gruppe). ❹ In einer Fragerunde werden offene Fragen beantwortet.
Variante	Bei Zeitknappheit können die Schritte 2 und 3 wegfallen. Stattdessen lesen die Schüler die Arbeitsblätter und stellen Fragen an den Lehrer.
Materialbedarf	Informationshandout & Arbeitsaufträge auf CD 8.01 OHP-Folien & Folienstifte (alternativ Flip-Chart-Bögen & Marker oder Tafel)
ungefährer Zeitaufwand	Gruppenarbeit: 8–10 min. | Präsentation: 3 min. pro Gruppe | Fragerunde: 10 min. Gesamt: ca. 30–45 min. (je nach Kurs-/Klassengröße)

---

[8] Seltener wird die Zählweise aus dem Verlagswesen übernommen: Dabei werden alle Seiten des Buchblocks gezählt, demnach auch das Vorwort und Inhaltsverzeichnis. Seite 1 ist bei Buchpublikationen der sog. „Schmutztitel" (= erste Papierseite nach dem Einband).

A – Theoretische Vorüberlegungen und Hintergrundwissen

9. Wissenschaftlicher Schreibstil

A – Theoretische Vorüberlegungen und Hintergrundwissen

9.1 Relevanz des Themas

Die Gütekriterien wissenschaftlichen Arbeitens spiegeln sich nicht nur a) in einer gründlichen Reflexion der Forschungsfrage, b) einer umfassenden Recherche und c) in dem Nachweis von Quellen und Daten wider. Wissenschaftlichkeit beweist sich nicht zuletzt auch in den Formulierungen wissenschaftlicher Texte. Spätestens an dieser Stelle zeigt sich die Relevanz des umfangreichen ersten Kapitels dieses Bands zum Wissenschaftsbegriff: Wissenschaftlicher Schreibstil ist kein Selbstzweck, sondern eine Antwort auf erkenntnistheoretische Fragen und die daraus resultierenden Gütekriterien wissenschaftlichen Arbeitens. Alltagssprache ist reiner Ausdruck menschlicher Subjektivität: Viele Substantive und Adjektive sind z. B. bereits eine Reduktion einer komplexeren Realität durch Kategorisierung. ‚Grün' ist z. B. ein per Konvention festgelegter Kompromiss für unzählige Farbtöne. In der Alltagskommunikation ist eine solche konventionelle Komplexitätsreduktion der Wirklichkeit äußerst nützlich. Wissenschaft hingegen interessiert sich für die Wahrheit in ihrer Komplexität, was sich auch in ihrem Sprachregister zeigt. Verifizierbarkeit/Falsifizierbarkeit, Objektivität und Transparenz sind die Gütekriterien, die primär[1] Einfluss auf dieses wissenschaftliche Sprachregister haben. Anhand von Beispielen wird in diesem Kapitel aufgezeigt, wie sich diese Kriterien auf den Schreibstil auswirken. Eine Reflexion solcher Beispiele im Unterricht kann Schüler dafür sensibilisieren, was wissenschaftliches Schreiben bedeutet. Auch hier gilt, was in Kapitel 1 herausgestellt wurde: Das Auswendiglernen von Beispielen generiert keinen wissenschaftlichen Schreibstil. Kritisches Reflektieren (in diesem Fall der eigenen Formulierungen) ist auch hier die wesentliche Metakompetenz.

Es ist daher eine gute Methode, anonymisierte Negativbeispiele aus Fach- und Studienarbeiten mit den Schülern im Unterricht zu diskutieren. Dies gibt nicht nur einen Eindruck davon, wie der Schreibstil sein sollte oder nicht sein sollte, sondern schult das Hinterfragen von Formulierungen.

Es sei hier noch einmal wiederholt, was in der Einleitung bereits angemerkt wurde: Dieses Buch ist – mit Blick auf Zielgruppe, Nutzen und Kontext – selbst kein wissenschaftliches Buch, sondern als „Praxisbuch" ein didaktischer Ratgeber, der wissenschaftliche und philosophische Gedanken zwar enthält, aber selbst keine wissenschaftliche Untersuchung darstellt. Insofern ergibt sich – wie bei allen Ratgebern zu diesem Thema – zwangsläufig das Paradoxon, dass über wissenschaftliches Schreiben in einem Stil geschrieben wird, der nicht durchweg den Ansprüchen eines wissenschaftlichen Schreibstils genügt.

9.2 Objektivität

In der Wissenschaft wird versucht, die Welt zu beschreiben, zu verstehen und zu erklären. Es ist nicht der Anspruch von Wissenschaft und damit nicht die Aufgabe von Forschern zu bewerten,

---
[1] Als primäre Kriterien wissenschaftlichen Schreibens bezeichne ich diejenigen stilistischen Aspekte, die sich direkt aus den wissenschaftlichen Gütekriterien (vgl. Kap. 2) ableiten lassen (sie werden in den Kapiteln 9.2 bis 9.5 vorgestellt). Als sekundäre Kriterien bezeichne ich schreibstilistische Aspekte, die auch für wissenschaftliche Texte gelten, aber nicht deren typisches Charakteristikum sind (mehr dazu in den Kapiteln 9.6 bis 9.8): Verständlichkeit gilt z. B. auch für wissenschaftliche Texte, dies ist aber kein primäres Kriterium wissenschaftlichen Schreibens – das Gebot, verständlich zu formulieren, ergibt sich aus dem primären Kriterium der Eindeutigkeit und ist insofern ein sekundäres Kriterium.

9. Wissenschaftlicher Schreibstil

ob die Dinge in der Welt gut, schön oder richtig sind, und auch nicht Aussagen zu treffen, wie die Welt sein sollte.

Dieser Anspruch äußert sich im wissenschaftlichen Schreibstil: Er ist **deskriptiv** (*beschrei*bend), nicht **präskriptiv** (*vor*schreibend) oder **normativ** (be*wertend*).

Diese Unterscheidung findet ihren Ursprung in dem metaethischen *Hume'schen Gesetz* (dem sogenannten naturalistischen Fehlschluss), welches besagt, dass eine logische Schlussfolgerung vom ‚Sein' auf ein ‚Sollen' ohne weitere Begründung nicht möglich sei (vgl. Hume 1978). Beispiel:

(1) Wissenschaftlicher Schreibstil sollte deskriptiv sein.

Verben wie ‚sollen' oder ‚müssen' können eine präskriptive Funktion haben.[2] Die Tatsache, dass wissenschaftliche Texte deskriptiv verfasst *werden*, lässt noch nicht den Schluss zu, dass sie auch deskriptiv verfasst werden *sollen*. Die Notwendigkeit deskriptiven Schreibstils bedarf einer weiteren Begründung. Diese findet sich im wissenschaftlichen Anspruch nach größtmöglicher Objektivität, welcher wiederum systemisch mit dem wissenschaftlichen Erkenntnisanspruch zu begründen ist.

Bewertungen sind in wissenschaftlichen Texten möglich, sofern sie objektivierbar sind: Es kann z. B. bewertet werden, ob Methode X zur Beschreibung eines bestimmten Phänomens besser geeignet ist als Methode Y. Bewertungen, die hingegen auf Geschmacksurteilen oder Meinungen basieren, werden in wissenschaftlichen Texten unterlassen.

Subjektive Bewertungen können auf sprachlicher Ebene subtil erscheinen und ggf. vom Verfasser weder intendiert noch bemerkt worden sein:

(2) Bei gutem Wetter verzeichnen die Betriebe zur Strandkorbvermietung in den untersuchten Standorten 78 % mehr Umsatz als bei schlechtem Wetter.

Begriffe wie ‚gut', ‚besser', ‚schlecht' oder ‚böse' sind grundsätzlich normativ, solange ihnen ein objektivierbares Vergleichskriterium fehlt (vgl. Kap. 1.2.2, Bsp. 4: „Basketball ist besser *für das Training der Armmuskulatur* geeignet als Fußball."). Auch wenn per Sprachkonvention für viele Sprecher vermutlich ‚schlechtes Wetter' mit ‚Regen' gleichgesetzt wird, ist diese Bewertung nicht objektivierbar: Ein Landwirt wird während einer Dürreperiode ‚Regen' aus existenziellen Gründen anders bewerten als ein Eisverkäufer im Hochsommer.

(3) Sprachverfall ist auch im Internet zu beobachten.

Auch in vielen anderen Begriffen können Bewertungen auftauchen: Veränderungen sind objektiv beobachtbar, diese aber als Verbesserung, Verfall oder Verschlechterung zu bezeichnen, ist eine Bewertung, die zunächst bewiesen werden muss (vgl. Kap. 1, Gruppenarbeit 1-02).

(4) Daher ist es gerade in der Wissenschaft sehr wichtig, sich auf eine objektive (sachliche) Betrachtungsweise zu beschränken.

Verben wie ‚beschränken' oder ‚begrenzen' zeigen an, dass etwas weniger als etwas anderes ist. Sie können daher – wie in Beispiel 4 – normativ sein und einen Sachverhalt somit unbegründet bewerten. Bewertungen sind in wissenschaft-

---
[2] Erfahrungsgemäß neigen einige Schüler dazu, solche Beispiele zu verabsolutieren: In einigen Fällen haben Schüler nach der Besprechung dieses Beispiels in allen weiteren besprochenen Textbeispielen grundsätzlich angemerkt, dass das Verb 'sollen' ein Fehler sei – auch wenn es gar nicht in präskriptiver Funktion verwendet wurde. Vgl. den Beispielsatz: „*Sollte* das Verb ‚sollte' (wie in diesem Satz) durch ‚sofern' ersetzt werden können, ist es nicht präskriptiv, sondern beschreibt eine Bedingung für etwas." Dies zeigt umso mehr, dass kritisches Reflektieren der Sprache wichtiger ist als ein Auswendiglernen von Beispielen.

A – Theoretische Vorüberlegungen und Hintergrundwissen

lichen Texten dann möglich, wenn sie logisch begründbar und intersubjektiv nachvollziehbar sind. Sollte in (4) nachgewiesen werden können, dass Objektivität geringerwertig ist als Subjektivität, kann ‚beschränken' stehenbleiben.

(5) Meiner Meinung nach ist die vorliegende Studie nicht repräsentativ. […]

Der Verfasser von (5) hat sehr logisch argumentiert (hier im Beispiel ausgelassen). Ob diese Argumentation zugleich seiner persönlichen Meinung entspricht oder nicht, ist für eine wissenschaftliche Untersuchung irrelevant (vgl. Kap. 1.2.2). Formulierungen, die auf die Meinung des Verfassers verweisen, werden daher ausgelassen. Entweder ist eine Aussage begründbar oder nicht. Ist sie nicht begründbar, liegt sie außerhalb des wissenschaftlichen Erkenntnisinteresses.

Generell ist es in wissenschaftlichen Texten üblich, dass der Untersuchungsgegenstand – und nicht der Verfasser – im Zentrum der Arbeit steht. Jede Form von subjektiven Anmerkungen wird daher ausgelassen. Ob der Verfasser – zumindest an einigen Stellen – „ich" schreiben darf, wird in verschiedenen Fachrichtungen, Teildisziplinen, Ratgebern und unter Hochschullehrern unterschiedlich bewertet. In einigen Fällen gilt die Ich-Form generell als unerwünscht (vgl. Jeßing 2001: 121), in anderen Fällen wird sie als unproblematisch wahrgenommen (vgl. Rost 2010: 216). Beide Begründungen sind plausibel:

Einerseits wird argumentiert, dass Ich-Formulierungen auf das Subjekt des Autors verweisen und daher – wie Meinungen – nicht verwendet werden sollten, um größtmögliche Objektivität zu gewährleisten. Andererseits wird darauf verwiesen, dass für wissenschaftliches Arbeiten Transparenz und Kausalität gelten: Das „Ich" des Verfassers ist Ursache des Textes, eine Vermeidung der Formulierung wäre eine Verschleierung dieser Ursache, insofern intransparent. Wissenschaftler haben in ihrer Konstitution als Menschen immer auch subjektive Persönlichkeitsanteile. In ihrer wissenschaftlichen Tätigkeit gilt es, Subjektivität von objektiver Betrachtung klar zu trennen. Ob hierzu eine Vermeidung von Ich-Formulierungen oder eine klare Benennung der eigenen Subjektivität der Wahrheitsfindung dienlicher ist, bleibt eine Streitfrage.

Aus didaktischer Sicht ist es sinnvoll, diese Frage mit den Schülern und Studierenden zu diskutieren, um ein Bewusstsein für diese Problematik zu schaffen. Welche Variante ihnen letztlich empfohlen wird, bleibt dem Urteil der Lehrerinnen und Lehrer oder den Konventionen des jeweiligen Schul-/Studienfaches überlassen. Festhalten lässt sich:

- Sofern Ich-Formulierungen in Kombination mit persönlichen Meinungen oder Geschmacksurteilen auftauchen, sind sie in wissenschaftlichen Texten ohnehin überflüssig, da Meinungen und Geschmäcker nicht Teil des wissenschaftlichen Erkenntnisinteresses sind.
- Sofern Ich-Formulierungen zur Beschreibung der Vorgehensweise in der Arbeit verwendet werden, können sie durch einfache Alternativformulierungen getilgt werden – z. B.: „In Kapitel 1.2 werden die Unterschiede zwischen ‚Meinung' und ‚Wissen' herausgestellt, um […]" statt „In Kapitel 1.2 werde ich […]".
- In einigen Studienfächern ist eine abschließende individuelle Bewertung am Ende einer Studienarbeit gefragt. Hier sind Ich-Formulierungen ggf. sogar erwünscht.
- In einzelnen Disziplinen kann eine „persönliche Erfahrung oder Beobachtung" (Disterer 2011: 176) durchaus im wissenschaftlichen Text benannt werden: „Die Einzelbeobachtung von Autor/in [sic!] hat den Vorteil, dass sie authentisch ist, […] [sie] hat jedoch zugleich den Nachteil, dass sie nur ein schwaches Indiz zu einem Sachverhalt oder für einen vermuteten Zusammenhang darstellt." (ebd.) Sofern man sich für die Beschreibung einer Einzelbeobachtung entscheidet, ist gemäß Disterer der Gebrauch der „Ich-Form zulässig" (ebd.).

9. Wissenschaftlicher Schreibstil

- In weiteren Fällen (z. B. Begründung einer Hypothese, persönliche Randbemerkungen) bleibt die Zulässigkeit von Ich-Formulierungen ein Streitfall. Ebenso, ob Formulierungen wie „der Verfasser dieser Arbeit" eine bessere Alternative wären und ob persönliche Randbemerkungen überhaupt erwünscht sind.

Ebenfalls umstritten ist der Gebrauch der Wir-Form. Eine Argumentation *für* den Gebrauch findet sich z. B. bei Umberto Eco (1993:195f.), eine *Gegen*argumentation etwa bei Friedrich Rost (2010: 216 f.). Auch hierbei geht es nicht um die Ablehnung des Wortes an sich, sondern um einen gut reflektierten Einsatz. Generell zulässig ist die Wir-Form z. B. in philosophisch-anthropologischen Reflexionen, in denen mit ‚wir' nicht die Gesamtheit aus Autor und Leserschaft gemeint ist, sondern die gemeinsame menschliche Konstitution (vgl. Verwendung der Wir-Form in Kap. 1).

Formulierungen mit ‚man' können generalisierend sein, sodass ihre Verwendung in wissenschaftlichen Texten mit Bedacht gewählt werden sollte. Generalisierungen werden im folgenden Kapitel näher besprochen.

9.3 Verifizierbarkeit/Falsifizierbarkeit von Aussagen

In dem Anspruch nach Objektivität und Transparenz begründet sich die Notwendigkeit, nur solche Aussagen in wissenschaftlichen Texten zu treffen, die belegt/widerlegt und damit verifiziert oder falsifiziert werden können. Aussagen, die diesem Kriterium nicht entsprechen, sind generalisierende Aussagen wie in den folgenden Beispielen:

(6) Es ist allgemein bekannt, dass das Fernsehen heutzutage niveaulos ist.
(7) Die am häufigsten genutzte Quelle ist das Internet.

Die Aussagen in (6) und (7) werden als Tatsachen dargestellt. In beiden Fällen werden die Aussagen aber nicht verifiziert: In (6) ist eine Bewertung („niveaulos") enthalten, die nicht objektivierbar ist. In beiden Beispielen wird generalisiert. Es lässt sich hinterfragen, ob es tatsächlich „allgemein bekannt" oder ob es „[d]ie am häufigsten genutzte Quelle" ist. Die Aussagen können verifiziert werden, sofern eine empirische Studie mit genauen Relationsgrößen angegeben wird. Hier zwei (fiktive) Verbesserungsvorschläge:

(8) *Verbesserungsvorschlag zu (6):* Gemäß der Studie von Peter Mustermann beurteilen 95,7 % aller Befragten das Fernsehprogramm insgesamt als „niveaulos" (Mustermann 2013: 543 ff.).
(9) *Verbesserungsvorschlag zu (7):* 81 % aller befragten Studierenden geben an, dass sie das Internet häufiger als Quelle nutzen als Bücher oder andere Medien. Dieser Gesamtwert ist allerdings noch nicht aussagekräftig, da das Ergebnis zwischen Fachbereichen und Hochschulformen differiert: […].

Nebenbei: Das ‚heutzutage' in (6) kann – wie im Beispiel – als Träger einer Implikatur ein deutlicher Marker für eine subjektive Meinung sein. In verschiedenen Aussagen drückt es eine kulturpessimistische Grundhaltung im Sinne von „Früher war alles besser!" aus. Eine ähnliche Generalisierung wie in (6) und (7) zeigt sich im folgenden Beispiel:

(10) Schüler sind wenig offen dafür, sich weiterzubilden. Dies erscheint ihnen zu zeitintensiv, daher verbringen sie ihre Freizeit lieber mit Freunden.

Bei aller Empathie können Menschen nicht in die Köpfe anderer Menschen schauen. Aussagen wie in (10) sind daher nicht verifizierbar und bleiben Vorurteile. Wenn bestimmten Personengruppen Handlungsmuster und Absichten unterstellt werden, ist ein Beleg notwendig. Repräsentative Umfragen wären hierzu eine Möglichkeit (ähnlich wie in (8) und (9)).

A – Theoretische Vorüberlegungen und Hintergrundwissen

(11) <u>Man</u> merkt, dass der Verfasser hier einen Fehler gemacht hat.

Formulierungen mit ‚man' können generalisierend sein. In (11) wird durch das ‚man' intersubjektive Nachvollziehbarkeit suggeriert, obwohl es sich zunächst um eine Beurteilung des Verfassers handelt. Eine solche Beurteilung kann ausgesprochen werden, wenn der Verfasser diese Beurteilung argumentativ begründen oder mit empirischen Daten belegen kann. Dann kann er sie aber auch aussprechen, ohne dass er dem Leser den Eindruck vermittelt, dieser würde den benannten Inhalt ebenso bewerten.

Generalisierungen können auch in relativen Häufigkeits-, Intensitäts- und Mengenangaben enthalten sein:

(12) Der Genitiv wird nur noch <u>selten</u> gebraucht.
(13) <u>Viele</u> Mitarbeiter in Fastfood-Ketten sind <u>unterbezahlt</u>.
(14) Juristen studieren <u>häufig</u> länger als Mediziner.

==Häufigkeits-, Intensitäts- und Mengenrelationen werden durch ihre Bezugsgröße definiert:== *Wie viel ist ‚viel'? Wie oft ist ‚oft'?* etc. ==Solange keine Bezugsgröße angegeben wird, fehlt es an wissenschaftlicher Eindeutigkeit. Signalwörter für mangelnde Eindeutigkeit sind== mitunter: *selten, manchmal, oft, häufig, stark, schwach, groß, klein, viel, wenig, sehr, lang, kurz.* Auch in dem ‚unterbezahlt' in (13) fehlt die Relation. Das ‚länger' ist in (14) hingegen zulässig: Hier wird die Relation durch den Vergleich zwischen zwei Gruppen benannt; die Formulierung ist daher an sich eindeutig – ihr müsste jedoch eine Benennung folgen, um wie viel Zeit Juristen durchschnittlich länger studieren, und ein Hinweis, auf welche Statistik(en) sich der Autor bezieht. Grundsätzlich gilt (aufgrund der Wissenschaftskriterien der Eindeutigkeit und der Überprüfbarkeit), dass deutliche Relationsverhältnisse (z. B. durch Prozentzahlen ausgedrückt) für wissenschaftliche Texte besser geeignet sind als die oben genannten Wörter.

In der Formulierung ‚nur noch' in (12) kann eine ähnliche Implikatur wie in dem ‚heutzutage' in (6) gelesen werden. Ob hier eine sprachpuristische Überzeugung zugrundeliegt, ist nicht eindeutig. Sofern ein Zweifel an der Objektivität oder Eindeutigkeit jedoch möglich ist, gilt es, die Formulierung zu streichen oder zu ersetzen.

9.4 Transparenz

Für Transparenz wird – wie in diesem Band vielfach beschrieben – in wissenschaftlichen Texten a) durch eine zielgerichtete Vorgehensweise (Forschungsfrage/Hypothese), b) durch die Offenlegung von Methoden, c) eine nachvollziehbare Struktur und Gliederung sowie d) durch gründliche Zitation von Quellen und Daten gesorgt (vgl. insbesondere Kap. 2 und 7).

Auf stilistischer Ebene ergibt sich aus dem Gütekriterium der Transparenz die Forderung nach Eindeutigkeit. Die Maxime lautet: Es kann für eine Formulierung in einem wissenschaftlichen Text **nur eine mögliche Interpretation** geben!

Ob diese Maxime gänzlich erreicht werden kann, bleibt diskutabel. Aus didaktischer Sicht ist sie als Zielperspektive für Anfänger des wissenschaftlichen Schreibens aber sinnvoll: Die Suche nach eindeutigen Formulierungen ist ein Prozess, der empathisches Schreiben und wissenschaftliche Genauigkeit trainieren kann.

Ein Musterbeispiel dafür, wie viel Interpretationsspielraum eine Formulierung bieten kann, ist folgendes:

(15) Meist wird die Liebe mit positiven Konstellationen assoziiert.

Was für Konstellationen sind hier gemeint? Sternenkonstellationen? Beziehungskonstellationen? Figurenkonstellationen? Was bedeutet ‚positiv'? Wann ist eine Konstellation positiv? Wie oft ist ‚meist'? Sind hier tatsächlich Kons-

9. Wissenschaftlicher Schreibstil

tellationen gemeint oder hat der Verfasser den Begriff verwechselt und meinte ‚Konnotationen'? Wer assoziiert hier? Woher weiß der Verfasser, *dass* hier jemand etwas assoziiert, und vor allem, *wie* jemand assoziiert? Je mehr Fragen sich zur Bedeutung eines Satzes / einer Formulierung stellen lassen, desto weniger eindeutig ist er/sie. Doch nicht in allen Fällen ist die mangelnde Eindeutigkeit so offensichtlich:

(16) Das direkte Zitat wird exakt so wiedergegeben, wie es vom Verfasser geschrieben wurde. Außerdem ist es zwingend notwendig, dies im Quellenverzeichnis anzugeben.

Laut (16) werden alle direkten Zitate im Quellenverzeichnis noch einmal abgedruckt, was nicht „zwingend notwendig", sondern unüblich ist. Gemeint ist hier die Literaturangabe, die im Beispiel aber nicht erwähnt wird. Ein falscher syntaktischer Bezug kann also zu einem unfreiwilligen inhaltlichen Fehler führen.

(17) Das zentrale Thema in allen Texten ist die Liebe.
(18) Alle Laute, die der Mensch verursacht, dienen der Kommunikation.

Die bereits genannten Generalisierungen (vgl. Kap. 9.3, Bsp. 12, 13, 14) können zu mangelnder Eindeutigkeit und zu inhaltlichen Fehlern führen. Die Aussagen in (17) und (18) sind sachlich falsch: Nicht in allen Texten wird ‚Liebe' thematisiert und nicht alle vom Menschen verursachten Laute dienen der Kommunikation (husten z. B. nicht). Bei aller Prägnanz fehlen hier wesentliche Angaben: Bei (17) fehlt die Information, welche Texte gemeint sind. De facto geht es hier um die Lyrik eines konkreten Autors.[3] Bei (18) fehlt eine Eingrenzung der entsprechenden Laute – gemeint sind Sprachlaute respektive Phone. Fachtermini haben das Potenzial, Eindeutigkeit in der Formulierung zu erhöhen. Sie sind in der Regel eindeutiger definiert (oder zumindest weniger polyvalent) als alltagssprachliche Entsprechungen. Zudem „entsprechen [sie] den Idealen der [...] Kontextunabhängigkeit und evaluativen Neutralität der Wissenschaftssprache" (Auer/Baßler 2007: 13).[4] Zugleich können Fachtermini die Prägnanz eines Textes erhöhen: Ein Phonem ist per Definition eine „Bezeichnung für kleinste aus dem Schallstrom der Rede abstrahierte lautliche Segmente mit potentiell bedeutungsunterscheidender (distinktiver) Funktion" (Bußmann 1990: 576). Es bietet sich an, ‚Phonem' zu schreiben anstelle der klaren, aber umständlichen Definition. Im Gegensatz zu Fachtermini[5] sind Fremdwörter nicht generell für einen wissenschaftlichen Schreibstil notwendig. Sofern der Verfasser in der Verwendung eines Fremdwortes nicht absolut sicher ist (vgl. (15)), ist Vorsicht geboten. Um Eindeutigkeit zu generieren (und nebenbei die eigene Eloquenz zu trainieren), ist eine Arbeit mit Fremdwörterbüchern bei der Verwendung von Fremdwörtern sehr empfehlenswert. Sofern das Gebot der Eindeutigkeit nicht verletzt wird, kann ein deutschsprachiger Begriff ebenso geeignet sein wie ein Fremdwort. Ein Text wird durch den Gebrauch von Fremdwörtern nicht automatisch wissenschaftlicher (vgl. Jeßing 2001: 123). Eine gründliche Reflexion über Eindeutigkeit einerseits und Verständlichkeit andererseits ist die beste Methode, um Fremdwörter im notwendigen Maße zu verwenden. Eindeutigkeit und Verständlichkeit sind dabei nicht als Gegensätze zu begreifen: Im Idealfall bedingen sie sich gegenseitig.

---

[3] Nebenbei lässt sich die Frage stellen, ob ‚Liebe' als ‚zentrales Thema' eindeutig ist.

[4] Auer/Baßler (2007: 14 ff.) stellen plausibel dar, dass die hier genannten Vorzüge der Fachtermini textlinguistisch differenzierter zu betrachten sind. Für die Vermittlung an Schüler ist es im Sinne einer didaktischen Reduktion aber empfehlenswert, zu vermitteln, dass Fachtermini *tendenziell* ein höheres *Potenzial* haben, Eindeutig zu sein als Umgangssprache.

[5] Zur Unterscheidung zwischen Fachtermini und Fremdwörtern: Nicht alle Fachtermini müssen Fremdwörter sein (z. B. Kurzgeschichte, Vernunft oder Verstehen [im philosophischen Sinne], Schallstrom der Rede). Nicht alle Fremdwörter sind zugleich zwangsläufig Fachtermini (z. B. Browser, Konsequenz, Parlament). Fachtermini zeichnen sich dadurch aus, dass sie in einer wissenschaftlichen Disziplin eindeutig definiert sind. Fremdwörter sind hingegen Entlehnungen aus anderen Sprachen – gleichgültig, ob sie alltagssprachlich (z. B. *Smartphone*) oder wissenschaftlich (z. B. *Langue*) verwendet werden.

A – Theoretische Vorüberlegungen und Hintergrundwissen

Im Folgenden werden zwei Beispiele besprochen, die – anders als die o.g. – keine inhaltlichen Fehler verursachen, allerdings regelmäßig in Fach- und Studienarbeiten auftauchen:

(19) Georg Büchner wurde vor 200 Jahren geboren.
(20) *[Kapitelanfang:]* Er beginnt mit einer Aufzählung.

Das gedruckte Wort ist theoretisch für die Ewigkeit (oder realistisch zumindest für eine gewisse Zeitspanne) geschrieben. Zuweilen kommt es vor, dass Schüler und Studierende ihre Texte so gestalten, dass sie nur für die Lehrperson zugänglich sind. Die Aussage in (19) ist sachlich korrekt, sofern der Leser den Text im Jahr 2013 liest – was aber nicht der Fall sein muss. Relative Zeitangaben („vor 200 Jahren") werden daher durch eindeutige Daten („1813") ersetzt.

In (20) ist mit „Er" der Protagonist eines Romans gemeint. Der Lehrer, der den Roman genau kennt, wird sich dies sofort denken können. Doch genau dies ist ein Kriterium wissenschaftlicher Texte, dass der Leser sich nicht ‚schon irgendwie denken können' soll, was gemeint ist. Der Leser soll durch eindeutige Begriffe und klare Struktur *wissen* können, was gemeint ist. Ein Leser, der den Roman kennt, aber sich nicht so genau erinnert, wird erst im Primärtext überprüfen müssen, ob mit „Er" der Autor, der Erzähler, der Protagonist oder gar der Roman gemeint ist. Personalpronomen können auch auf syntaktischer Ebene eine Fehlerquelle sein, die mangelnde Eindeutigkeit verursacht. Ein Personalpronomen zu Kapitelbeginn wie in (20) ist generell nicht geeignet (zumindest nicht leserfreundlich), da der Bezug zum vorherigen Kapitel durch eine neue Überschrift unterbrochen wurde. Doch auch innerhalb einer Textpassage können Personalpronomen falsche syntaktische Bezüge herstellen:

(21) Das Vorwort ist eine abgewandelte Art der Einleitung. Sie enthält z. B. Dankesworte.

Inhaltlich bezieht sich „Sie" in (21) auf die „Art": Das Vorwort kann Dankesworte enthalten, die Einleitung nicht. Syntaktisch kann mit „Sie" aber auch die „Einleitung" gemeint sein. Um solche Mehrdeutigkeiten zu vermeiden, sollten Personalpronomen – wenn nötig – in die entsprechenden Substantive ‚übersetzt' werden. In (21) wäre aber auch „Es" statt „Sie" möglich.

9.5 Kohärenz

Während im vorherigen Unterkapitel überwiegend die Eindeutigkeit auf Begriffsebene herausgestellt wurde, wird in diesem Kapitel Eindeutigkeit mit Blick auf syntaktische und logische Kohärenz (Sinnzusammenhang) analysiert.

(22) Subjektivität sollte jedoch nicht nur negative Betrachtung finden, es gibt nahezu keine Alltagssituation, in der sie nicht zu finden ist.

In (22) werden zwei Aussagen getroffen: a) ein präskriptives Urteil („Subjektivität sollte […]"), b) eine verifizierbare – wenn auch ungenau formulierte – Aussage (Subjektivität sei in jeder Alltagssituation des Menschen zu finden). Für den Leser ergeben sich zwei Deutungsmöglichkeiten:

1. Die beiden Aussagen stehen in keinem inhaltlichen Zusammenhang. In dem Fall ist der Satz nicht kohärent: Ein Sinnzusammenhang fehlt.

2. Aussage b) ist die Begründung von Aussage a). In diesem Fall wäre das *Hume'sche Gesetz* (vgl. Bsp. 1 in Kap. 9.2) verletzt, da hier von einem Sein auf ein Sollen geschlossen wird. Die Tatsache, dass Subjektivität in sämtlichen Alltagssituationen vorkommt, legt noch nicht den Schluss nahe, dass sie „nicht nur negativ" betrachtet werden „sollte". Dazu ein provokantes Gegenbeispiel: *Kriminalität sollte jedoch nicht nur negative Betrachtung finden; zu keiner Zeit und an keinem Ort war die Menschheit frei von Kriminalität!* Ein solcher Schluss ist logisch (und ethisch) nicht zulässig.

Eine genaue Prüfung der eigenen Argumentation ist – spätestens in der Korrekturphase – sehr

9. Wissenschaftlicher Schreibstil

empfehlenswert, um solche Fehler zu vermeiden. Ein anderes Beispiel:

(23) Beim Verfassen einer Facharbeit ist das Wissen um die gesetzlichen Bestimmungen unerlässlich, dieses verhindert einen Plagiatsvorwurf.

In (23) fehlt eine wesentliche Information, sodass die Argumentation inkohärent wird: 1. Die Kenntnis von Gesetzen verhindert (bei allem Idealismus) noch nicht das Begehen eines Verbrechens. 2. Selbst wenn dem so wäre, verhindert die Kenntnis der gesetzlichen Bestimmungen nicht den Plagiats*vorwurf*, sondern das Plagiat selbst. Ein Vorwurf kann dennoch folgen, nur ist er – bei gründlicher Zitation – nicht gerechtfertigt.

(24) Das Zitieren wird in wissenschaftlichen Arbeiten verwendet, um die Gedanken des Verfassers von einem anderen Autor zu unterscheiden. Also wird das Zitieren dafür benutzt, um zu beurteilen, wie viel Fachwissen der Verfasser in seinem Fachbereich hat.

In (24) lassen sich mehrere Beispiele für Inkohärenz finden: 1. Wie in (23) ist der erste Satz in (24) elliptisch. Es werden nicht „die Gedanken des Verfassers von einem anderen Autor" unterschieden, sondern die Gedanken des Verfassers *von den Gedanken* eines anderen Autors. 2. Der erste Satz in (24) steht in keinem logischen Zusammenhang zum zweiten. Dieser wird jedoch durch das „Also" suggeriert: Der erste Satz wird als Prämisse dargestellt, der zweite Satz als Schlussfolgerung. Der zweite Satz ist aber keine notwendige Schlussfolgerung aus dem ersten. 3. Der zweite Satz ist in sich inkohärent. Das Zitieren wird nicht benutzt, um das Fachwissen des Verfassers zu beurteilen: Das Zitieren ist ein Prozess, den der Autor vollzieht; das Beurteilen vollzieht hingegen der Leser.

9.6 Prägnanz

Eindeutigkeit und argumentative Kohärenz verlangen, dass eine wissenschaftliche Aussage einen Sachverhalt ggf. komplexer beschreibt als eine mündlich-sprachliche Aussage. In gesprochener Rede besteht – im Gegensatz zur geschriebenen Sprache – die Möglichkeit nachzufragen, wenn etwas nicht verstanden wurde. Daher können wesentliche Informationen bis zu einem gewissen Grad ausgelassen werden, ohne dass die Verständlichkeit darunter leidet (vgl. z. B. indirekte Sprechakte: Austin 1975, Searle 1983). Schriftsprachlich ist dies nicht möglich.

Für wissenschaftliche Texte gilt allerdings auch das Gebot der Prägnanz. Prägnanz bezeichnet laut Fremdwörterbuch die „Schärfe, Genauigkeit, Knappheit des Ausdrucks" (Duden 1990). Mit Prägnanz ist also gemeint, dass wissenschaftliche Texte bei maximaler Eindeutigkeit/Genauigkeit möglichst kurz verfasst sind.

(25) Das einzigartige soziale Beziehungsverhältnis zwischen zwei Freunden unterscheidet sich von allen anderen Formen zwischenmenschlicher Beziehungsrelationen.

In (25) finden sich Redundanzen auf verschiedenen Ebenen: 1. Die Begriffe ‚Beziehung', ‚Relation' und ‚Verhältnis' sind Synonyme. Ein Wortkompositum aus diesen Begriffen ist daher redundant. 2. Dass eine Form einzigartig ist, bedeutet bereits, dass sie sich von allen anderen Formen unterscheidet. 3. Dass im Beispiel soziale Beziehungen gemeint sind, ist dadurch gekennzeichnet, dass es sich um eine Beziehung zwischen Menschen handelt. Der Satz kann verschlankt werden zu: *Die Beziehung zwischen zwei Freunden unterscheidet sich von allen anderen Formen zwischenmenschlicher Beziehungen.* Oder: *Die Beziehung zwischen zwei Freunden ist im Vergleich zu anderen Beziehungsformen einzigartig.*

(26) Das Wort *Fehleranalyse* setzt sich aus den Begriffen *Fehler* und *Analyse* zusammen.
(27) Jemand, der ein Referat hält, referiert.

A – Theoretische Vorüberlegungen und Hintergrundwissen

Begriffsdefinitionen sind in wissenschaftlichen Arbeiten an sich wünschenswert, sie erhöhen die Eindeutigkeit des Textes. In den (realen) Beispielen (26) und (27) haben die Verfasser den Anspruch nach Eindeutigkeit zu akribisch verfolgt. Allzu Offensichtliches muss nicht definiert werden.

9.7 Mündlichkeit versus Schriftlichkeit

Zwei wesentliche Unterschiede, die es bei der Abgrenzung zwischen geschriebener und gesprochener Sprache zu beachten gilt, wurden bereits in den Kapiteln 9.5 und 9.6 genannt: 1. Mündliche Kommunikation kann in einem höheren Maße elliptisch sein als ein wissenschaftlicher Text. Genauigkeitsverlust kann durch Nachfragen kompensiert werden. 2. Sämtliche Wörter, die eine Erzählung ‚lebhaft' machen oder zu Redundanz führen, werden in wissenschaftlichen Texten vermieden.

Darüber hinaus gibt es verschiedene grammatikalische Unterschiede zwischen Mündlichkeit und Schriftlichkeit. Zumindest zwei dieser Unterschiede seien hier vorgestellt[6]:

> (28) Hier einige Negativbeispiele, wie man in wissenschaftlichen Texten nicht schreiben sollte.

In einem mündlichen Vortrag wäre (28) passabel. Schriftsprachlich betrachtet, fehlt hier aber entweder ein finites Verb oder ein Doppelpunkt (und nebenbei ist die Verknüpfung zwischen Haupt- und Nebensatz elliptisch). Korrekte Alternativen wären:

> (29) Es folgen Negativbeispiele, die aufzeigen, wie in wissenschaftlichen Texten nicht geschrieben wird.

> (30) Hier zwei Negativbeispiele, die aufzeigen, wie in wissenschaftlichen Texten nicht geschrieben wird: […]

Elliptische Sätze können in wissenschaftlichen Texten verwendet werden, sofern ein Doppelpunkt vorangestellt wird oder folgt („Hier ein Beispiel: […]"; „In Folge von Saussure wurde eine neue Theorie entwickelt: der Strukturalismus."). Andernfalls muss jeder Hauptsatz ein finites Verb enthalten. Ein zweiter Unterschied zwischen mündlicher und schriftlicher Sprache ist der Satzbau. Varianten, die umgangssprachlich geläufig sind, sind schriftsprachlich nicht immer korrekt (oder zumindest unüblich):

> (31) Allerdings leichte Begriffe wie ‚Fehleranalyse' zu definieren, ist überflüssig.
> *Verbesserungsvorschlag:*
> Allerdings ist es überflüssig, selbsterklärende Begriffe wie ‚Fehleranalyse' zu definieren.

> (32) Das heißt, in einer wissenschaftlichen Arbeit wird in einem sachlichen Stil geschrieben.
> *Verbesserungsvorschlag:*
> Das heißt, dass eine wissenschaftliche Arbeit in einem sachlichen Stil geschrieben wird.

9.8 Sonstige Anmerkungen zum wissenschaftlichen Schreibstil

Zum Abschluss dieses Kapitels folgen noch einige Anmerkungen zum Schreibstil, die nicht aus den wissenschaftlichen Gütekriterien hervorgehen, allerdings viel diskutiert und für Schülerinnen und Schüler wichtige Informationen sind.

a. Ästhetische Ansprüche?

Schüler sind es durch den Aufsatzunterricht gewohnt, dass in Texten nicht immer dieselben Wörter auftauchen sollen. Varianz im Ausdruck ist ein ästhetisches Kriterium in verschiedenen Textsorten (z. B. in Zeitungsartikeln oder Kurzgeschichten) und zugleich Zeichen der Eloquenz des Autors. Bei wissenschaftlichen Texten ist

---
[6] Dies sind meiner Erfahrung nach die häufigsten Fehler in Fach- und Studienarbeiten in punkto Schriftsprachlichkeit versus Mündlichkeit.

9. Wissenschaftlicher Schreibstil

diese Varianz von Wörtern mit Vorsicht zu genießen: Primär gilt das Kriterium der wissenschaftlichen Eindeutigkeit. Wenn es einen eindeutig definierten Fachterminus gibt, so wird dieser auch konsequent verwendet – auch wenn er in mehreren Sätzen hintereinander immer wieder auftaucht. Dasselbe gilt z. B. für Autorennamen: In einem Zeitungsartikel kann mal vom Autor des „Zauberbergs", mal vom berühmten Romancier und mal vom Nobelpreisträger die Rede sein – im wissenschaftlichen Text bleibt dies hingegen immer Thomas Mann. Varianz kann als untergeordnetes Stilkriterium in wissenschaftlichen Texten verwendet werden, primär gilt allerdings die Eindeutigkeit.

b. Verständlichkeit?

Verständlichkeit ist in einem gewissen Sinne ein Kriterium wissenschaftlicher Texte: Gute Garanten für Verständlichkeit in wissenschaftlichen Texten sind bereits a) die Eindeutigkeit der Begriffe, b) Kohärenz der Argumentation und Gesamtstruktur sowie c) Transparenzherstellung i) durch Formulierung des Erkenntnisinteresses, ii) hinsichtlich der Erläuterung der Vorgehensweise, iii) Offenlegung der Methoden und iv) Nachweis von Quellen und Daten. Ob Verständlichkeit darüber hinaus im Sinne einer zielgruppenübergreifenden Leserfreundlichkeit für wissenschaftliche Texte notwendig ist, lässt sich aus wissenschaftlichen Gütekriterien nicht herleiten. Sofern aber die Begriffe eindeutig, der Stil sachlich und die Argumentation kohärent sind, spricht nichts dagegen, einen wissenschaftlichen Text so verständlich zu schreiben, dass er auch einem größeren Publikum zugänglich werden kann. Eine unkonventionelle, aber (vielleicht deswegen) interessante Position zum leserorientierten Schreiben in wissenschaftlichen Texten vertritt Sol Stein:

> „[Den] Puristen gebe ich zu bedenken, daß viele wissenschaftliche Texte ihr Bildungsziel verfehlen, weil die darin enthaltenen Informationen für die Mehrzahl der Rezipienten ungenießbar sind durch die trockene Art, in der sie vermittelt werden. [...]

Informationen kommen dann am besten an, wenn sie so verpackt sind, daß sie an die Gefühle des Lesers rühren" (Stein 1998: 48 f.).

Dass die Abspeicherung von Informationen im Gehirn besser gelingt, wenn die Information emotional berührt, ist nicht von der Hand zu weisen (vgl. Kap. 1.2.4). Aus didaktischer Sicht – Stein verweist hier auf das „Bildungsziel" – wären derart leserfreundlich gestaltete wissenschaftliche Texte durchaus wünschenswert. Didaktische Zielgruppenorientierung darf[7] aber nicht dazu führen, dass die Untersuchung an Wissenschaftlichkeit einbüßt, da Wissenschaft ansonsten ihre systemische Funktion verlieren würde, die sie in der Gesellschaft gut begründet ausführt.

Wenn es aber dem Verfasser gelingt, wissenschaftliche Gütekriterien umzusetzen und *zusätzlich* leserfreundlich im Sinne eines Bildungsauftrags zu schreiben, so ist – wie oben bereits genannt – nichts dagegen einzuwenden: Es wäre sogar der Idealfall.

Um ein solches Idealniveau zu erreichen, ist aber viel Schreibtraining notwendig. Für die Schülerinnen und Schüler, die noch am Anfang ihrer wissenschaftlichen Schreiberfahrungen stehen, ist es empfehlenswert, dass sie sich primär an Wissenschaftlichkeit orientieren und erst sekundär die Frage stellen, wie Informationen beim Leser „am besten an[kommen]" (ebd.).

Eine Reflexion über dieses Thema mit den Schülern kann aber – erfahrungsgemäß – sehr gewinnbringend sein.

---

[7] Dies ist eine gewollte präskriptive Formulierung, die aber auch begründet wird.

B – Praktische Anregungen

B – Praktische Anregungen

9-01	Analyse von Negativbeispielen
Ziele	• Sensibilisierung für Kriterien wissenschaftlichen Schreibens • Training des selbstkritischen Hinterfragens
Vorgehen	❶ Die Schüler werden in Arbeitsgruppen eingeteilt (3–4 Teilnehmer pro Gruppe). ❷ Jede Gruppe erhält ein Arbeitsblatt mit Negativbeispielen. Die Gruppen besprechen die Beispiele und überlegen, a) was an den Beispielen unwissenschaftlich ist sowie b) wie sie das jeweilige Beispiel optimieren könnten. ❸ Per Beamer werden die Beispiele der Arbeitsblätter für alle Schüler visualisiert. Im Lehrgespräch werden die Beispiele diskutiert. Die Arbeitsgruppen, die die jeweiligen Beispiele zuvor besprochen haben, sind hierbei besonders gefragt. ❹ Gütekriterien wissenschaftlichen Schreibens, die im Lehrgespräch benannt werden, werden an der Tafel / auf Flipchart notiert und mündlich kurz definiert.
Varianten	Zwischen Schritt 2 und 3 kann ein Gruppenpuzzle eingebaut werden, bei dem sich die Schüler gegenseitig ihre Beispiele aus den Stammgruppen erläutern. Dies hat den Vorteil, dass jeder Schüler in die Situation gelangt, seine Beispiele anderen zu erklären. Auf diese Weise wird das reflektierte Wissen vertieft und besser abgespeichert. Die hier investierte Zeit verkürzt das Lehrgespräch.
Hinweis	Um eine zufällige Zusammenstellung der Gruppen (und das Gruppenpuzzle) zu vereinfachen, finden sich auf den Arbeitsblättern auf CD unten links jeweils verschiedene Handzeichen. Jeder Schüler erhält willkürlich eines der verschiedenen Arbeitsblätter. Die Schüler finden sich mittels der gleichen Handzeichen zusammen (Beispiel: alle Schüler, deren Daumen nach oben zeigt, sind in Gruppe 1). In der Phase des Gruppenpuzzles bilden sich neue Gruppen, in denen jeweils alle verschiedenen Handzeichen enthalten sein müssen.
Material-bedarf	Handouts mit Negativbeispielen: Beispiel auf der nächsten Seite (mehr auf CD) Tafel/Flipchart Computer/Beamer (Präsentation auf CD)
ungefährer Zeitaufwand	Gruppenarbeitsphase: 15 min. ggf. Gruppenpuzzle: 10–15 min. Lehrgespräch: 20–35 min. Gesamt: 45–60 min. (mit Gruppenpuzzle) / 35–50 min. (ohne Gruppenpuzzle)

Handout zu 9-01:

Gruppe 1 (weitere auf CD)

A. Diskutieren Sie in der Gruppe, wie die folgenden Formulierungen mit Blick auf einen wissenschaftlichen Schreibstil optimiert werden können. Überprüfen Sie dabei folgende Aspekte:

- Rechtschreibung und Zeichensetzung: alles korrekt?
- Grammatik: Sind alle Bezüge der einzelnen Satzglieder korrekt (z. B. Personalpronomen [er/sie/es], Demonstrativpronomen [dieser/jener/das])?
- Eindeutigkeit der Formulierungen: Kann jeder Leser verstehen, was gemeint ist?
- Prägnanz: Kann etwas gekürzt werden?
- Sprachduktus: Sind umgangssprachliche Formulierungen enthalten?
- Beweisbarkeit: Lassen sich alle Aussagen wissenschaftlich belegen?
- Objektivität/Neutralität: Ist der Text sachlich/beschreibend oder enthält er Meinungen, Bewertungen oder Vorschriften?
- Logik der Argumentation: Beziehen sich die einzelnen Sätze/Aussagen logisch aufeinander?
- Visuelle Struktur: Sind die Absätze sinnvoll gewählt?

B. Schreiben Sie einen Alternativvorschlag auf!

(1) Behauptungen beziehungsweise Unklarheiten sollte man auslassen. Wissenschaftliche Texte beruhen nämlich auf Tatsachen und Fakten.

(2) Hier einige Negativbeispiele wie man in wissenschaftlichen Texten nicht schreiben sollte.
Negativbeispiel 1: […]
Negativbeispiel 2: […]

9. Wissenschaftlicher Schreibstil

(3) Sollten Quellen nicht korrekt zitiert oder die Zitation gar unterbleiben, liegt der Anfangsverdacht ungenauer wissenschaftlicher Arbeit bis zum strafrechtlichen Tatbestand des Plagiats nahe.

(4) Definitionen von Fremdwörtern sind erwünscht. Allerdings leichte Begriffe wie ‚Fehleranalyse' zu definieren sind überflüssig.

9-02	*Analyse des eigenen Schreibstils*
Ziele	• Sensibilisierung für Kriterien wissenschaftlichen Schreibens • Verbesserung des eigenen Schreibstils • Training des selbstkritischen Hinterfragens
Vorgehen	❶ Jeder Schüler wählt einen selbst verfassten Text aus, der im Unterricht besprochen werden kann. Sofern die praktische Anregung 2-01 (Glossarbeitrag) aus Kapitel 2 durchgeführt wurde, ist dies eine ideale Basis für diese Übung. Andernfalls kann z. B. eine Textpassage aus dem Lernportfolio (vgl. die praktische Anregung 1-05 in Kap. 1) oder auch aus der (bislang unfertigen) Facharbeit gewählt werden. ❷ Jeder Schüler wählt aus dem entsprechenden Text eine Passage aus. Je nach Gruppengröße und der zur Verfügung stehenden Zeit kann der Umfang der Passage variieren. Ein Sinnabschnitt von mindestens 3-5 Sätzen ist empfehlenswert. ❸ Die ausgewählten Textpassagen aller Schüler werden dem gesamten Kurs zur Verfügung gestellt. Denkbare Varianten: a) per Kopie/Ausdruck, b) per Textdokument an Computerarbeitsplätzen, c) per Textdokument via Beamer. ❹ Sofern die Schüler mit Feedbackregeln noch nicht vertraut sind, werden diese kurz im Lehrvortrag erläutert. Andernfalls wird das Wissen um Feedbackregeln im Lehrgespräch reaktiviert. Wichtig ist es herauszustellen, dass diese Übung nicht den Schreibstil der Schüler kritisieren soll, sondern zum Ziel hat, Verbesserungstipps durch Feedback herauszuarbeiten. ❺ Im Lehrgespräch werden exemplarisch Textpassagen einzelner (im Idealfall freiwilliger) Schüler analysiert, inwiefern wissenschaftliche Schreibkriterien bereits erfüllt sind und was geändert werden müsste, damit der jeweilige Text wissenschaftlichen Ansprüchen genügt. Bei der exemplarischen Analyse im Plenum gelten die erläuterten bzw. besprochenen Feedbackregeln. ❻ In Kleingruppen (3–4 Teilnehmer) stellen sich alle Schüler gegenseitig ihre Texte vor und analysieren diese gemeinsam (wie in Schritt 5).
Varianten	Bei besonders kleinen Gruppen kann Schritt 6 wegfallen, da die Texte aller Schüler im Lehrgespräch diskutiert werden können.
Materialbedarf	Textpassagen aller Schüler: ggf. als Kopie/Ausdruck; ggf. als Datei per Beamer; ggf. als Datei an Computerarbeitsplätzen
ungefährer Zeitaufwand	Lehrvortrag/Lehrgespräch zu Feedbackregeln: 5–8 min. Lehrgespräch zur Analyse der Texte: 5 min. pro Schüler Gruppenarbeit zur Analyse der Texte: 5 min. pro Gruppenteilnehmer

9-03	*Leitfragen für das Portfolio*
Ziele	• Ergebnissicherung (via Hausaufgabe, Lernportfolio, Einzel-/Gruppenarbeit) • dienlich zur Grobstrukturierung der Lehrgespräche/Lehrvorträge zum Thema
Leitfragen zum Thema	Bearbeiten Sie in einem zusammenhängenden, ausformulierten Text folgende Fragen/Aufgaben: ❶ Was ist der Unterschied zwischen ‚normativ', ‚deskriptiv' und ‚präskriptiv'? Geben Sie jeweils ein *eigenes* (*er*fundenes oder *ge*fundenes) Beispiel für jeden dieser Stile! Begründen Sie, warum wissenschaftliche Texte deskriptiv geschrieben werden (und nicht normativ oder präskriptiv)! ❷ Geben Sie ein *eigenes* (*er*fundenes oder *ge*fundenes) Beispiel für eine Aussage, einen Satz, die/der nicht verifizierbar/falsifizierbar ist, und beschreiben Sie, wie diese Aussage/dieser Satz verändert werden müsste, damit sie/er verifizierbar/falsifizierbar wird!
Varianten	• Die Leitfragen können den Schülern als Orientierungshilfe für das Lernportfolio, für Hausaufgaben, aber auch als Arbeitsaufträge für Einzel- oder Gruppenarbeiten zur Verfügung gestellt werden. • Ebenfalls können sie als Strukturfragen in einem Lehrgespräch verwendet werden.

Literaturverzeichnis

Adler, Mortimer J./Doren, Charles van: Wie man ein Buch liest. Übersetzt von Xenia Osthelder. Frankfurt a.M.: Zweitausendeins, 2010.

Auer, Peter / Baßler, Harald: Reden und Schreiben in der Wissenschaft. Frankfurt a.M.: Campus, 2007.

Austin, John L.: How to Do Things with Words: Second Edition (William James Lectures). Cambridge, MA u.a. Harvard University Press, 1975./Zur Theorie der Sprechakte. (How to Do Things with Words). Stuttgart: Reclam, 1986.

Bereiter, Carl: Development in Writing. In: Gregg, Lee W./Steinberg, Erwin R. (Hrsg.): Cognitive Processes in Writing. Mahwah, NJ: Lawrence Erlbaum Associates, 1980. S. 73–96.

Bildungskommission NRW: Zukunft der Bildung – Schule der Zukunft. Denkschrift der Kommission „Zukunft der Bildung – Schule der Zukunft" beim Ministerpräsidenten des Landes Nordrhein-Westfalen. Neuwied, 1995.

Birkenbihl, Vera F.: Stroh im Kopf? Vom Gehirn-Besitzer zum Gehirn-Benutzer. 47. Auflage. Heidelberg: mvgVerlag. 2007.

Boeglin, Martha: Wissenschaftlich arbeiten Schritt für Schritt. Gelassen und effektiv studieren. München: Fink, 2007.

Brednich, Rolf W.: Die Spinne in der Yucca-Palme. Sagenhafte Geschichten von heute. München: Beck, 1990.

Bußmann, Hadumod: Lexikon der Sprachwissenschaft. 2., völlig neu bearbeite Auflage. Stuttgart: Kröner, 1990.

Descartes, René: Meditationes de Prima Philosophia/Meditationen über die erste Philosophie. Lateinisch/Deutsch. Übersetzt und herausgegeben von Gerhart Schmidt. Stuttgart: Reclam, 1986.

Disterer, Georg: Studienarbeiten schreiben. Seminar-, Bachelor-, Master- und Diplomarbeiten in den Wirtschaftswissenschaften. 6., vollständig überarbeitete und erweiterte Auflage. Berlin, Heidelberg u.a.: Springer, 2011.

Duden: Fremdwörterbuch. Band 5. Wissenschaftlicher Rat und Mitarbeiter der Dudenredaktion unter Leitung von Günther Drosdowski, Wolfgang Müller, Werner Scholze-Studenrecht, Matthias Wermke (Hrsg.). 5., neu bearbeitete und erweiterte Auflage. Mannheim u.a.: Dudenverlag, 1990.

Eco, Umberto: Wie man eine wissenschaftliche Abschlussarbeit schreibt. Ins Deutsche übersetzt von Walter Schick. 6. überarbeitete Auflage. Heidelberg: Müller, 1993.

Franck, Norbert: Fit fürs Studium. Erfolgreich reden, lesen, schreiben. 4. Auflage. München: dtv, 2001.

Gehlen, Arnold: Der Mensch. Seine Natur und seine Stellung in der Welt. 15. Auflage. Wiebelsheim: Aula, 2009.

Hume, David: Traktat über die menschliche Natur. Buch II/III. Über die Affekte / Über Moral: Bd II (Zweites und drittes Buch). Herausgegeben von Reinhard Brandt. Übersetzt von Theodor Lipps. Hamburg: Meiner, 1978.

Jeßing, Benedikt: Arbeitstechniken des literaturwissenschaftlichen Studiums. Stuttgart: Reclam, 2001.

Kant, Immanuel: Kritik der reinen Vernunft. Stuttgart: Reclam, 1966.

Klein, Regina: Wissenschaftliches Schreiben lehren und lernen. Teil I: Anwendungsbezogene Schreibübungen für Lehrende und Studierende. In: *Neues Handbuch Hochschullehre* G 4.1, 2003. S. 1–42.

Kucharczik, Kerstin/Sawatzki, Dennis/Thiel, Dennis: Wissenschaftliche Arbeitstechniken in Germanistik und Sprachdidaktik. Begleitmaterialien zu den germanistischen Orientierungstutorien an der Ruhr-Universität Bochum. Bochum: lokal publiziert, 2006 ff.

Kucharczik, Kerstin: Strukturalismus. In: Schneider, Jost: Methodengeschichte der Germanistik. Berlin, New York: Walter de Gruyter, 2009. S. 679–700.

Kuhn, Thomas S.: Die Struktur wissenschaftlicher Revolutionen. Herausgegeben von Hermann Vetter. Übersetzt von Kurt Simon. 22. Auflage. Frankfurt: Suhrkamp, 2001.

Literaturverzeichnis

Luhmann, Niklas: Soziale Systeme. Grundriß einer allgemeinen Theorie. 14. Auflage. Frankfurt: Suhrkamp, 1987.

Mill, John Stuart: Der Utilitarismus. Übersetzt von Dieter Birnbacher. Stuttgart: Reclam, 2004.

Müller, Marion: Grundlagen der visuellen Kommunikation: Theorieansätze und Methoden. Stuttgart: UTB, 2003.

Novak, Joseph D.: Learning, Creating and Using Knowledge. Concept Maps as Facilitate Tools in Schools and Corporations. Mahwah, NJ: Lawrence Erlbaum Associates, 1998.

Paefgen, Elisabeth K.: Schreiben und Lesen. Ästhetisches Arbeiten und literarisches Lernen. Opladen: Westdt. Verlag, 1996.

Platon: Der Staat (Politeia). Übersetzt und herausgegeben von Karl Vretska. Stuttgart: Reclam, 1958; 1982; 2000.

Popper, Karl R.: Logik der Forschung. Hrsg. von Herbert Keuth. 10. verb., und verm. Ausgabe. Tübingen: Mohr Siebeck, 2005.

Robinson, H. Alan: Reading. Seventy-five years of progress. Proceedings of the Annual Conference on Reading. Chicago: Chicago University, 1966.

Roland Koch Institut – Abteilung für Infektionsepidemiologie des RKI: Zur Entwicklung der Erkrankungszahlen im aktuellen EHEC/HUS-Ausbruch in Deutschland – Update. In: *Epidemiologisches Bulletin*. Nr. 24, 2011, S. 215–217.

Rost, Friedrich: Lern- und Arbeitstechniken für das Studium. 6. Auflage. Wiesbaden: VS Verlag für Sozialwissenschaften, 2010.

Rothstein, Björn: Wissenschaftliches Arbeiten für Linguisten. Tübingen: Narr, 2011.

Saussure, Ferdinand de: Grundfragen der allgemeinen Sprachwissenschaft. Hrsg. von Charles Bally und Albert Sechehaye. Unter Mitwirkung von Albert Riedinger. Übersetzt von Herman Lommel. 3. Auflage. Mit einem Nachwort von Peter Ernst. Berlin, New York: de Gruyter, 2001.

Sawatzki, Dennis: Selbstbewusst auftreten – verständlich vortragen. Das Praxisbuch zur Förderung von Schlüsselqualifikationen und Soft Skills. Donauwörth: Auer, 2013. (= Schüler fit machen für Schule und Zukunft. Band 1.)

Searle, John R.: Sprechakte: Ein sprachphilosophischer Essay. Übersetzt von Renate und Rolf Wiggershaus. 11. Auflage. Frankfurt: Suhrkamp, 1983.

Statistisches Bundesamt Deutschland: http://www.destatis.de – letzter Zugriff: 15.09.2012.

Stein, Sol: Über das Schreiben. 4. Auflage. Frankfurt a.M.: Zweitausendeins, 1998.

Töpfer, Armin: Erfolgreich Forschen. Ein Leitfaden für Bachelor-, Master-Studierende und Doktoranden. Berlin, Heidelberg u.a.: Springer, 2009.

Kopiervorlagen auf CD

Kopiervorlagen auf CD

1.01 Wissenschaftlichkeit – Tafelbild „Analyse unserer Gedankeninhalte"

1.02 Wissenschaftlichkeit – Arbeitsblatt für Gruppenarbeit – Thema 1

1.02 Wissenschaftlichkeit – Arbeitsblatt für Gruppenarbeit – Thema 2

1.02 Wissenschaftlichkeit – Arbeitsblatt für Gruppenarbeit – Thema 3

1.02 Wissenschaftlichkeit – Arbeitsblatt für Gruppenarbeit – Thema 4

1.02 Wissenschaftlichkeit – Arbeitsblatt für Gruppenarbeit – Thema 5

1.02 Wissenschaftlichkeit – Arbeitsblatt für Gruppenarbeit – Thema 6

1.03 Wissenschaftlichkeit – Tafelbild „Weltzugänge des Menschen"

1.04 Wissenschaftlichkeit – Wissensalphabet (ausgefüllt für Lehrergespräch)

2.01 Kriterien wissenschaftlichen Arbeitens – Arbeitsauftrag „Glossarbeitrag – 28 Themen"

2.02 Kriterien wissenschaftlichen Arbeitens – Arbeitsauftrag „Qualitätsmerkmale wissenschaftlicher Arbeiten"

2.02 Kriterien wissenschaftlichen Arbeitens – Tafelbild „Textsortenunterscheidung"

3.02 Themenfindung – Tafelbild „Kategorien zur Themeneingrenzung 1"

3.03 Themenfindung – Tafelbild „Kategorien zur Themeneingrenzung 2"

4.01 Recherche – Reflexionsaufgaben „Rechercheinstrumente" – Thema 1

4.01 Recherche – Reflexionsaufgaben „Rechercheinstrumente" – Thema 2

4.01 Recherche – Reflexionsaufgaben „Rechercheinstrumente" – Thema 3

4.01 Recherche – Reflexionsaufgaben „Rechercheinstrumente" – Thema 4

4.01 Recherche – Reflexionsaufgaben „Rechercheinstrumente" – Thema 5

4.02 Recherche – Literaturtypen

5.02 Lektürephase – Ursachen und Lösungen für Lesehemmungen

6.01 Exzerpieren – Beispiele Exzerpte

7.01 Zitieren – Tafelbild „Trennung von eigenen und fremden Gedanken"

7.01 Zitieren – Textbeispiel A (Harvard-Zitation)

7.01 Zitieren – Textbeispiel A (Harvard-Zitation) – Direkte und indirekte Zitate in wissenschaftlichen Texten

7.01 Zitieren – Textbeispiel B (Harvard-Zitation/Fußnotenzitation) – Direkte und indirekte Zitate in wissenschaftlichen Texten

7.02 Zitieren – Arbeitsblatt zum Einüben des Zitierens

7.02 Zitieren – Tabelle „Markierung von Veränderungen in direkten Zitaten

7.04 Arbeitsblatt: Literaturangaben – Gruppe 1

7.04 Arbeitsblatt: Literaturangaben – Gruppe 2

7.04 Arbeitsblatt: Literaturangaben – Gruppe 3

7.04 Arbeitsblatt: Literaturangaben – Gruppe 4

7.04 Arbeitsblatt: Literaturangaben – Gruppe 5

7.04 Arbeitsblatt: Literaturangaben – Gruppe 6

8.01 Aufbau & Formalia – Arbeitsaufträge für Gruppenarbeiten

8.01 Aufbau & Formalia – Informationshandout

9.01 Schreibstil – Arbeitsgruppen, Analyse von Negativbeispielen – Gruppe 1

9.01 Schreibstil – Arbeitsgruppen, Analyse von Negativbeispielen – Gruppe 2

9.01 Schreibstil – Arbeitsgruppen, Analyse von Negativbeispielen – Gruppe 3

9.01 Schreibstil – Arbeitsgruppen, Analyse von Negativbeispielen – Gruppe 4

9.01 Schreibstil – Arbeitsgruppen, Analyse von Negativbeispielen – Gruppe 5

9.01 Schreibstil – Arbeitsgruppen, Analyse von Negativbeispielen – Gruppe 6

9.01 Schreibstil – Präsentation

Kopiervorlagen auf CD

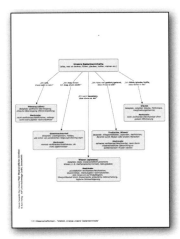

1.02 Wissenschaftlichkeit – Tafelbild „Analyse unserer Gedankeninhalte"

1.02 Wissenschaftlichkeit – Arbeitsblatt für Gruppenarbeit – Thema 1

1.02 Wissenschaftlichkeit – Arbeitsblatt für Gruppenarbeit – Thema 2

1.02 Wissenschaftlichkeit – Arbeitsblatt für Gruppenarbeit – Thema 3

1.02 Wissenschaftlichkeit – Arbeitsblatt für Gruppenarbeit – Thema 4

1.02 Wissenschaftlichkeit – Arbeitsblatt für Gruppenarbeit – Thema 5

1.02 Wissenschaftlichkeit – Arbeitsblatt für Gruppenarbeit – Thema 6

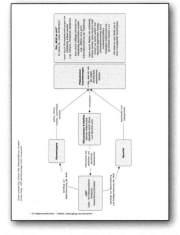

1.03 Wissenschaftlichkeit – Tafelbild „Weltzugänge des Menschen"

1.04 Wissenschaftlichkeit – Wissensalphabet (ausgefüllt für Lehrergespräch)

Kopiervorlagen auf CD

2.01 Kriterien wissenschaftlichen Arbeitens – Arbeitsauftrag „Glossarbeitrag – 28 Themen"

2.02 Kriterien wissenschaftlichen Arbeitens – Arbeitsauftrag „Qualitätsmerkmale wissenschaftlicher Arbeiten"

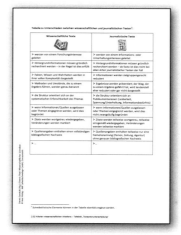

2.02 Kriterien wissenschaftlichen Arbeitens – Tafelbild „Textsortenunterscheidung"

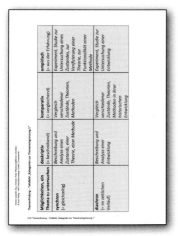

3.02 Themenfindung – Tafelbild „Kategorien zur Themeneingrenzung 1"

3.03 Themenfindung – Tafelbild „Kategorien zur Themeneingrenzung 2"

4.01 Recherche – Reflexionsaufgaben „Rechercheinstrumente" – Thema 1

4.01 Recherche – Reflexionsaufgaben „Rechercheinstrumente" – Thema 2

4.01 Recherche – Reflexionsaufgaben „Rechercheinstrumente" – Thema 3

4.01 Recherche – Reflexionsaufgaben „Rechercheinstrumente" – Thema 4

Kopiervorlagen auf CD

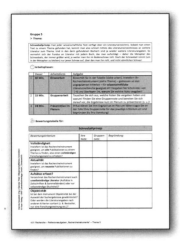

4.01 Recherche – Reflexionsaufgaben „Rechercheinstrumente" – Thema 5

4.02 Recherche – Literaturtypen

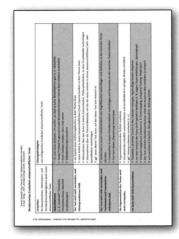

5.02 Lektürephase – Ursachen und Lösungen für Lesehemmungen

6.01 Exzerpieren – Beispiele Exzerpte

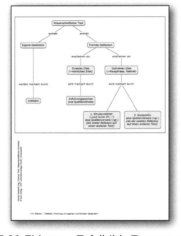

7.01 Zitieren – Tafelbild „Trennung von eigenen und fremden Gedanken"

7.01 Zitieren – Textbeispiel A (Harvard-Zitation)

7.01 Zitieren – Textbeispiel A (Harvard-Zitation) – Direkte und indirekte Zitate in wissenschaftlichen Texten

7.01 Zitieren – Textbeispiel B (Harvard-Zitation/Fußnotenzitation) – Direkte und indirekte Zitate in wissenschaftlichen Texten

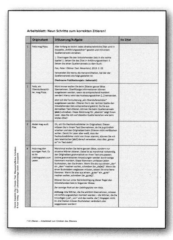

7.02 Zitieren – Arbeitsblatt zum Einüben des Zitierens

Kopiervorlagen auf CD

7.04 Arbeitsblatt: Literaturangaben – Gruppe 1

7.04 Arbeitsblatt: Literaturangaben – Gruppe 2

7.04 Arbeitsblatt: Literaturangaben – Gruppe 3

7.04 Arbeitsblatt: Literaturangaben – Gruppe 4

7.04 Arbeitsblatt: Literaturangaben – Gruppe 5

7.04 Arbeitsblatt: Literaturangaben – Gruppe 6

8.01 Aufbau & Formalia – Arbeitsaufträge für Gruppenarbeiten

8.01 Aufbau & Formalia – Informationshandout

9.01 Schreibstil – Arbeitsgruppen, Analyse von Negativbeispielen – Gruppe 1

Kopiervorlagen auf CD

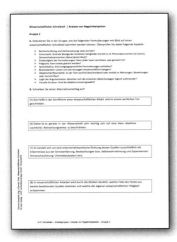

9.01 Schreibstil – Arbeitsgruppen, Analyse von Negativbeispielen – Gruppe 2

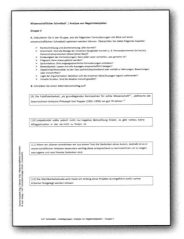

9.01 Schreibstil – Arbeitsgruppen, Analyse von Negativbeispielen – Gruppe 3

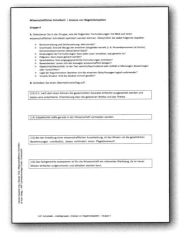

9.01 Schreibstil – Arbeitsgruppen, Analyse von Negativbeispielen – Gruppe 4

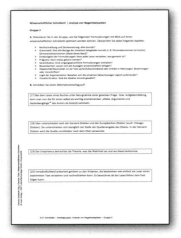

9.01 Schreibstil – Arbeitsgruppen, Analyse von Negativbeispielen – Gruppe 5

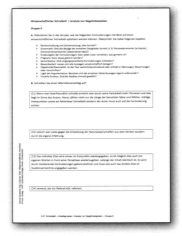

9.01 Schreibstil – Arbeitsgruppen, Analyse von Negativbeispielen – Gruppe 6

9.01 Schreibstil – Präsentation

Auer empfiehlt

Die optimale Ergänzung zu diesem Buch:

112 S., DIN A4 mit CD-ROM
▸ Best-Nr. **06572**

Melanie Fröhlich, Cathrin Rattay, Jost Schneider

Effizienter korrigieren - Das Praxisbuch
Leistungsmessung und -bewertung: Praktisch, professionell und effektiv korrigieren

▸ Profi-Tipps und Materialien aus der Lehrerfortbildung!

Hier finden Sie nicht nur wichtige Hinweise zur Vereinheitlichung von Korrekturzeichen und zur sinnvollen Gestaltung von Erwartungshorizonten sondern auch beispielhafte Rand- und Schlusskommentare. Von der Notenfindung bis hin zu Selbstbeurteilungsbögen für Schüler – hier werden Sie sicherlich fündig! Besonders dürften Sie die Tipps, wie Sie Plagiate erkennen und ahnden können, interessieren!
Alle Checklisten, Vorlagen und fachspezifische Tipps finden Sie auch auf der beiliegenden CD-ROM.

Die Themen:

▸ Zeit einsparen | Operatoren und Korrekturzeichen | Erwartungshorizonte | Rand- und Schlusskommentare | Notenfindung | Schüler beurteilen sich selbst und ihre Mitschüler | Plagiate

Dieser Band enthält:

▸ Methoden auf einen Blick | Infokästen, Tipps und Fazits zur schnellen Orientierung | zahlreiche Checklisten, Vorlagen und fachspezifische Tipps (Deutsch, Mathe, Englisch, Biologie, Kunst etc.

WWW.AUER-VERLAG.DE
WEBSERVICE
www.auer-verlag.de/go/
06572

Blättern im Buch

Download

Leseprobe

Weitere Titel zu dem Thema:

Dennis Sawatzki
Selbstbewusst auftreten - verständlich vortragen
Das Praxisbuch zur Förderung von Schlüsselqualifikationen und Soft Skills!
96 S., DIN A4 mit CD-ROM
▸ Best-Nr. **07032**

Ira Kokavecz, Thomas Rüttgers, Jost Schneider
Stress und Burn-out vermeiden
Profi-Tipps und Materialien aus der Lehrerfortbildung!
96 S., DIN A4 mit CD-ROM
▸ Best-Nr. **06790**

Karin Kress, Michaela Pappas
Binnendifferenzierung in der Sekundarstufe I
Praktisch, professionell und effektiv - so funktioniert Binnendifferenzierung!
152 S., DIN A4 mit CD-ROM
▸ Best-Nr. **06840**

Bestellschein (bitte kopieren und faxen/senden)

Ja, bitte senden Sie mir gegen Rechnung:

Anzahl	Best.-Nr.	Kurztitel
	06572	Effizienter korrigieren - Das Praxisbuch
	07032	Selbstbewusst auftreten - verständlich vortragen
	06790	Stress und Burn-out vermeiden
	06840	Binnendifferenzierung in der Sekundarstufe I

☐ Ja, ich möchte per E-Mail über Neuerscheinungen und wichtige Termine informiert werden.

E-Mail-Adresse

Auer Verlag
Postfach 1152
86601 Donauwörth

Fax: 09 06 / 73-178
oder einfach anrufen:
Tel.: 09 06 / 73-240
(Mo-Do 8:00-16:00 & Fr 8:00-13:00)
E-Mail: info@auer-verlag.de

Aktionsnummer: 9066

Absender:

Vorname, Nachname

Straße, Hausnummer

PLZ, Ort

Datum, Unterschrift

KAPITEL 5

Ist *(Wie stellt sich das Problem dar?)*	**Soll** *(Wie sollte es eigentlich sein?)*
▷ Der Text springt. ▷ Der Text ist widersprüchlich. ▷ Einleitung und Fazit fehlen.	▷ Der Text sollte flüssig sein. ▷ Der Text sollte logisch sein. ▷ Der Text sollte durch Absätze zusätzlich gestaltet sein. ▷ Einleitung, Hauptteil, Fazit
Gründe *(Wie lässt sich das Problem begründen?)*	**Maßnahmen** *(Welche Maßnahmen können zur Lösung des Problems beitragen?)*
▷ drauflosschreiben ▷ Mir ist nicht klar, was ich sagen will.	▷ Ideen sammeln und gewichten ▷ Gliederung erstellen, ggf. mit Aufzählung arbeiten ▷ Visualisieren ▷ einen Einleitungssatz formulieren ▷ Ergebnisse zusammenfassen

Abb. 6 Vier-Feld-Szenario zum Bereich Textaufbau

Es versteht sich wohl von selbst, dass ein solch zeitaufwendiges Vorgehen nicht nach jeder Klassenarbeit durchgeführt werden kann. Die langfristig angelegte Entwicklungsperspektive ermöglicht aber auch ein gezieltes Üben, beispielsweise im Drei-Monate-Takt. Als zusätzliche Motivation können Lernfortschritte gemäß der individuellen Bezugsnorm festgehalten und für die Endnote berücksichtigt werden.

Um solche individuellen Lernfortschritte für sich und Ihre Schüler, ggf. deren Eltern, übersichtlich und möglichst zeitsparend festhalten zu können, gibt es inzwischen verschiedenste Vorlagen, die Sie unter Begriffen wie *Beobachtungsbögen, Lerndokumentationen, Portfolio etc.* auf Homepages von Schulen oder in Unterrichtsmaterialien finden können. In „Individuell Fördern – Das Praxisbuch"[9] finden Sie nicht nur vielfältige solcher Vorlagen, sondern auch Tipps und Hilfestellungen für den sinnvollen, nichtzeitraubenden Einsatz derselben.

---

9 Kress, Karin; Rattay, Cathrin; Schlechter, Dirk; Schneider, Jost, *Individuell fördern – Das Praxisbuch*. Donauwörth 2009.